中国现代财税金融体制建设

吴晓求　庄毓敏　主编

U0683043

现代财政体制建设

贾俊雪　刘勇政　著

中国人民大学出版社

·北京·

.

中国式现代化的经济基础与财政金融的作用[*]

吴晓求

党的十九届五中全会提出要"建立现代财税金融体制",党的二十大报告对中国式现代化的内涵进行了全面而深刻的阐述,凸显了建立现代财税金融体制的重要性。现代财税金融体制建设包含宏微观金融体制建设和财税体制建设。其中,宏微观金融体制建设主要涉及现代中央银行制度、现代货币政策体系、现代宏观审慎政策及监管框架、现代商业银行制度、现代保险制度、现代资本市场、现代公司金融制度以及现代信用风险管理等内容,财税体制建设主要涉及现代预算制度、现代税收制度以及政府间财政关系等内容。中国人民大学财政金融学院组织专家学者对上述问题展开深入研究,形成了"中国现代财税金融体制建设丛书",以期为中国式现代化建设贡献智慧。谨以此文作为这一丛书的总序。

中国式现代化内涵丰富,下面重点从经济和财政金融的角度,对中国式现代化的经济基础和财政金融的作用做一些粗浅的分析。

一、如何理解中国式现代化

党的二十大报告对中国式现代化做了准确而全面的概括:中国式

---

[*] 此文曾发表在 2022 年第 4 期的《应用经济学评论》上,作为本丛书总序,作者对其做了一些增减和修改。

现代化是人口规模巨大的现代化，是全体人民共同富裕的现代化，是物质文明和精神文明相协调的现代化，是人与自然和谐共生的现代化，是走和平发展道路的现代化。同时党的二十大报告强调指出，中国式现代化是中国共产党领导的社会主义现代化，这既体现了国际社会公认的现代化的基本内涵，又体现了中国特色。这同我们所走的中国特色社会主义市场经济发展道路一样：既体现了市场经济的一般原则，具有现代市场经济的基本内涵，又是人类社会探索市场经济发展道路的一种新形式。我们不是模仿、照抄以美国为代表的西方发达国家所走过的市场经济发展道路，而是根据中国国情进行创造性探索。中国式现代化同中国特色社会主义市场经济一样，既体现了国际社会的共识和人类社会的文明成果，又走了一条中国式的发展道路。实践表明，把普遍原理与中国国情相结合，是我们成功的法宝。

中国式现代化体现了中华民族的智慧——勤于学习、善于改造、敢于创新，同时又充分吸收了人类文明的优秀成果。人类文明的优秀成果是我们理论创新的起点。创新不是空穴来风，不是海市蜃楼，而是要以人类对已有文明成果的积累和丰富的实践为基础。中国式现代化这一概念就是基于这样的思考而提出的。

中国式现代化，首先有国际社会一般认知的现代化内涵。国际社会所认知的现代化有多重指标。在这多重指标中有一个核心指标，那就是现代化国家首先应是一个发达国家，是发达国家当然也就是高收入国家。所以，成为高收入国家、发达国家是实现中国式现代化的前提条件。我们要实现中国式现代化，首先就要进入高收入国家行列并成为发达国家。

世界银行、国际货币基金组织等权威国际机构对高收入国家、发达国家都有自己的定义。例如，2021 年世界银行公布的高收入国家的经济指标门槛是人均国民总收入（GNI）12 695 美元，国际货币基金组织公布的发达国家的经济指标门槛是人均国内生产总值（GDP）2 万美元。2021 年中国 GDP 为 114.92 万亿元人民币，按照当时的汇率计算，中国人均 GDP 已达 12 551 美元。2021 年中国人均 GNI 为 11 890 美元，中国居上中等收入国家行列。

国际上现有的发达国家均首先跨越了人均 GDP 这一经济指标的门槛。除此之外，要成为发达国家，还必须达到生态环境、人均预期寿命、教育水平、法制基础、贫富差距、社会公平、创新能力和国际影响力等方面的一系列社会指标标准。所以，中国式现代化的实现过程也就是经济社会全面发展的过程，而不是单一指标的突进。

过去，我们赖以生存的环境包括土壤、空气和水资源都受到了不同程度的污染。改善环境，走绿色发展之路是我们未来面临的艰巨任务。中国人均预期寿命现在处在世界先进行列。自新中国成立以来，我们在这方面取得了举世瞩目的成就。在新中国成立之前，中国人均预期寿命很短，不到 40 岁。那个年代战争频发、经济发展水平低、粮食供应不足、医疗卫生体系落后，人均预期寿命短。2021 年，中国人均预期寿命为 78.2 岁，女性比男性略高。在人均预期寿命这一指标上，中国进入了发达国家行列。虽然人均预期寿命较高，但中国的医疗资源相对短缺，医疗卫生体系相对脆弱。我们要大力改善医疗卫生体系，提升人们的健康水平，让所有人都能得到应有的医疗保障。

我国一直在努力提高教育水平，改善教育条件，但我国的教育状况与中国式现代化的要求还有较大差距。让适龄儿童和青少年接受良好的教育仍然是我国教育面临的最大任务之一。我们要着力改善基础教育，进一步完善义务教育制度，这是实现现代化的重要举措。我们要对农村偏远地区的基础教育加大投入，让每个适龄儿童和少年都能上得起学。

法制建设要进一步改善。自党的十八大以来，中国法制建设取得了长足进步。我国颁布了《中华人民共和国民法典》，这是中国法制建设的重要标志，为保护财产权、保障市场主体的平等地位提供了坚实的法律保障。自党的十八大以来，中国的反腐败行动取得了历史性进步，清洁了社会环境，积极培育和践行社会主义核心价值观。但中国的法制观念、法治化水平与中国式现代化的标准还有较大差距。一些地方乱作为、胡作为的现象时有发生，一些和法律精神相抵触、相背离的政策仍然存在。中国式现代化一定是法制建设的现代化，是法治国家的现代化。

中国式现代化还必须有极强的创新能力。没有创新能力，经济社会就会停滞，经济增长和社会发展就会缺乏源源不断的动力。创新是一个国家现代化的重要保障。世界上有些国家曾经接近、达到甚至超过发达国家的起点标准，但是由于创新能力不足，腐败严重，加上政策严重失误，因而停留在或退回到中等收入国家行列，学术界把这种现象称为"中等收入陷阱"。历史上，在迈向现代化国家的过程中，有些国家要么迈不过去，落入"中等收入陷阱"，要么短期跨越了"中等收入陷阱"，一度成为高收入国家，但在较短时间内又退回到中等收入国家行列。我们要总结这些国家的教训，避免走弯路、进"陷阱"，防止出现它们的失误和曲折。

从历史经验看，创新机制和创新能力对一个国家迈向发达国家极为重要。这里的创新指的是多方面的创新。首先是技术创新。中国要建成现代化国家，经济结构转型和基于技术进步的产业迭代是基本路径。我们不能停留在低端产业，也不可能通过资源型企业把中国带入现代化。我们必须进行技术创新，推动产业升级换代，提升经济竞争力。中国经济的竞争力在于技术进步和高科技产业发展。

除了技术创新外，观念创新、制度创新、模式创新、组织创新都非常重要。我们面对的是越来越不确定的未来，高科技企业的商业模式、组织模式需要创新。试图用传统产业的模式去发展高科技产业，那肯定是行不通的。不少人只意识到了技术创新的重要性，没有意识到观念创新、制度创新、模式创新、组织创新的重要性。实际上，这些创新都是中国式现代化创新的重要内涵。

中国是一个人口规模巨大的国家，其现代化一定会改变全球格局，对全球产生巨大而深远的影响。我们所追求的现代化是中国式的，有鲜明的中国特征。党的二十大报告把中国式现代化的特征概括为五点，这五点中最引起人们关注的是全体人民共同富裕的现代化。

共同富裕是中国特色社会主义的本质要求，体现了中国共产党人的初心使命。从中国共产党成立那天起到1949年中华人民共和国成立，再到1978年改革开放，再到党的二十大，在每个时期，实现全体人民共同富裕都是我们的目标，这个目标从来没有动摇过。1955年，毛泽东同志指出，富是共同的富，强是共同的强。1990年，邓小平同志指出，共同致富，我们从改革一开始就讲，将来总有一天要成为中心课题。共同富裕一开始就在邓小平同志改革开放的战略设计中。习近平总书记指出，共同富裕是中国特色社会主义的根本原则，所以必须使发展成果更多更公平惠及全体人民，朝着共同富裕方向稳步前进。

让中国人民富起来，实现共同富裕，是中国共产党人的初心使命的重要体现，对于这个目标，中国共产党人从来没有动摇过。今天我们所要实现的中国式现代化，一定是全体人民共同富裕的现代化，我们一直都在朝着这个目标努力。

二、中国式现代化的经济基础

要实现中国式现代化，首先必须成为高收入国家，成为发达国家，所以保持经济的可持续增长就成了当前乃至未来相当长时期内的重要任务。只有保持经济的可持续增长，财富才能源源不断地被创造出来，中国式现代化才可能实现。

这里有一个基本判断：什么样的体制和政策能使经济处在可持续增长中？我认为，中国特色社会主义市场经济体制是中国经济可持续增长最重要的体制基础，继续深化改革、不断推进高水平开放是中国经济可持续增长最重要的政策取向。中国特色社会主义市场经济是现代市场经济的一种业态、一种新的探索形式，体现了市场经济的一般原理。

市场经济是建立在分工和交易的基础上的。分工是市场经济存在的前提，没有分工就没有市场，没有市场就没有公允的价格，也就没有公平的交易。没有分工、没有市场、没有交易，那就是自然经济。自然经济不可能让人类社会富裕起来，只有基于分工和交易的市场经济，才能大幅度提高劳动生产率，才能源源不断地创造出新的财富。只要我们继续坚持中国特色社会主义市场经济体制，就能够把财富源源不断地创造出来，因为它是基于分工的，市场是自由的，价格是公允的，交易是公平的，市场主体的地位是平等的。

改革开放前的中国是一个贫穷落后的国家，大多数人处在贫困状态。改革开放后，我们选择了一条市场经济道路，人民开始富裕起来了。我们所走的市场经济道路，不是自由市场经济道路，而是中国特色社会主义市场经济发展道路。改革开放后，我们要迅速摆脱贫困，让老百姓能够吃饱饭，但是按自然演进的市场经济模式难以快速实现这一目标。后发国家有后发优势，可以学习、借鉴发达国家的经验，实现经济的跨越式发展。一段时间以来，我们重视引进外资，重视引进国际先进技术，重视学习和借鉴国际先进经验，在此基础上探索自己的发展道路。

要实现跨越式发展，除了必须尊重分工、自由的市场、公允的价格、公平的交易和市场主体的平等地位外，一个很重要的机制就是要发挥并优化政府的作用。改革开放40多年来，各级政府在中国经济社会发展中起着特别重要的作用，这是中国经济发展模式的重要特征。举例来说，中国的地方政府在经济发展和现代化建设中起到了重要的作用，地方政府大力招商引资，高度重视经济建设。又如，各类工业园区、技术开发区的设立也是中国特色。存量改革阻力很大，要对老工业城市和老工业基地进行市场化的存量改革非常困难。地方政府根据中央的精神，制定自己的发展战略，建立各种工业园区、技术开发区，引进资本和新技术，以增量活力引导存量改革。再如，中央政府的"五年规划"以及经济特区、区域经济发展战略对中国经济发展发挥了顶层设计和引领的作用。上述特征都是中国特色社会主义市场经济体制的重要体现。

在中国式现代化的实现过程中,我们必须进一步推进市场化改革、推动高水平开放。市场化改革和中国特色社会主义市场经济模式在方向上是完全一致的。只有不断深化市场化改革,才能不断完善中国特色社会主义市场经济模式。

我们制定了"双循环"发展战略,这是基于中国国情和中国实际情况以及全球形势变化而做出的战略转型。"双循环"发展战略强调以内循环为主,内循环和外循环协调发展,但这绝不是否认外部需求对中国经济发展的重要作用。实际上,推动高水平开放在今天仍然至关重要。习近平总书记指出,改革开放是中国共产党的一次伟大觉醒,不仅深刻改变了中国,也深刻影响了世界。今天中国虽然已经发展起来了,资本充盈甚至有些过剩,但对外开放仍然是很重要的,要高度重视外资和外国先进技术的引进,重视外部市场的拓展。

2001 年 12 月,中国加入 WTO,这是中国经济在近现代第一次全面融入国际经济体系。这种对外部世界的开放和融合,使中国经济发生了根本性变化。中国的实践表明,对外开放对中国式现代化的实现具有巨大而深远的影响。

要实现中国式现代化,必须实现全体人民的共同富裕。共同富裕一直是我们追求的目标,从未动摇。在我的理解中,实现共同富裕要处理好三个关系。

首先,要保护并优化财富创造机制。要让社会财富不断地丰盈起来,就必须共同奋斗,不存在"等靠要"式的"躺平"。"等靠要"与共同富裕毫无关系。共同富裕一定是每个人都很努力,共同创造可以分配的增量财富。没有增量财富,存量财富很快就会枯竭。每个人都要努力地创造增量财富,不能只盯着存量财富。中国还不是高收入国家,只是刚刚全面建成小康社会的上中等收入国家。要让人民越来越富裕、社会财富越来越多，高效率的财富创造机制是关键。

其次，要进一步改革收入分配制度。收入分配制度改革的基本着力点是适度提高劳动者报酬，在再分配环节更加注重公平。我们要让低收入阶层、贫困家庭过上正常的生活，通过转移支付、救济等方式保障他们的基本生活。要实现基本公共服务均等化。转移支付、困难补助、救济等都是再分配的重要内容。党的二十大报告专门强调要规范收入分配秩序，意义深远。

最后，要形成有效的财富积累机制。有效的财富积累机制是下一轮经济增长和财富创造的重要前提。没有财富的积累，就难以推动下一轮经济增长。党的二十大报告提出要规范财富积累机制，这蕴含了深刻的含义。

财富积累除了另类投资外，主要有四种方式：

一是将现期收入减去现期消费之后的剩余收入，以居民储蓄存款的形式存入银行。这是大多数中国人财富积累的主要方式。

二是投资风险性金融资产，比如股票、债券、基金等。投资这种风险性金融资产是现代社会财富积累的重要方式，是未来财富积累的主流业态。

三是创业。创业的风险比前两种财富积累方式要大得多，存在巨大的不确定性。创业不成功，投资就会失败。创业一旦成功，财富就会按几何级数增长。在这里，收益与风险是相互匹配的。政策应鼓励人们去创业、创造，这是财富增长最坚实的基础。

四是投资房地产。2004年以后，中国房地产业发展速度惊人，房价飞涨。在10年左右的时间里，一线城市的房价涨了20倍以上。投资房地产在一个时期成了人们财富积累的重要方式。

如何理解规范财富积累机制？

我认为，第一，要完善法制，让人们的财产权和存量财富得到有效保护。第二，必须关注财富积累方式的调整。畸形的房地产化的财富积累方式，给中国经济和金融体系带来了潜在的巨大风险和危机。

中国居民的资产有百分之六七十都在房地产上，这是不正常的。规范财富积累机制是金融结构性改革的重点。过度投资房地产的财富积累方式，应是规范的重点。

三、财政金融在中国式现代化中的作用

在中国式现代化的建设进程中，财政金融的作用十分关键。

（一）财政的作用

中国式现代化不仅要求经济可持续增长，还要求增长成果更好地惠及全体人民、实现共同富裕。财政政策在这两个方面均可以发挥积极的作用。首先，财政政策是推动经济可持续增长的重要手段。我们知道，经济可持续增长要求有良好的基础设施，包括交通等经济基础设施和教育医疗等社会基础设施。就经济基础设施而言，我国交通等传统基础设施已经实现了跨越式发展，而大数据中心、人工智能、工业互联网等新型基础设施还较为薄弱，需要各级政府加大财政投资力度，尽快建设能够提供数字转型、智能升级、融合创新等服务的新型基础设施体系。教育医疗等社会基础设施在很大程度上决定了一个国家的人力资本水平，构成了经济可持续增长的重要动力源泉，也决定了增长的成果能否更好地惠及全体人民。在这方面，我国的缺口还比较大，与人民的期许还有较大的距离，因此需要各级政府加大对教育医疗等领域的财政投入力度。

技术创新同样离不开财政政策的支持。技术创新充满了不确定性和风险，但也存在很大的正外部性，完全依靠市场和企业往往是不足的。这就需要政府利用财政补贴和税收优惠等措施来为企业分担风险，以激励企业更好地进行技术创新，推动技术进步。

其次，财政政策是促使增长成果更好地惠及全体人民、实现共同

富裕的重要手段。共同富裕不仅需要解决绝对贫困问题，也需要缩小收入分配差距。自党的十八大以来，我国高度重视绝对贫困问题，实施了精准扶贫战略，消除了绝对贫困，取得了彪炳史册的巨大成就。今后，在中国式现代化的实现过程中，还需要加大财政政策支持力度，切实防止规模性返贫。

缩小收入分配差距，实现收入分配公平，需要在保障低收入者基本生活的基础上增加低收入者的收入，扩大中等收入群体，并调节过高收入。保障低收入者基本生活的重点在于完善社会保障体系，充分发挥社会保障体系的兜底作用，在这方面既要尽力而为，又要量力而行。增加低收入者的收入、扩大中等收入群体的重点在于坚持多劳多得，鼓励勤劳致富，促进机会公平，完善按要素分配政策制度，探索多种渠道增加中低收入群众要素收入，多渠道增加城乡居民财产性收入。调节过高收入的核心在于完善个人所得税政策，充分发挥个人所得税的收入调节作用，但也需避免对高收入者工作努力和投资努力等的过度抑制。

最后，实现共同富裕还需要着力解决好城乡差距较大和区域发展不平衡等突出问题，这同样离不开财政政策。就中国的实际情况来看，解决好城乡差距问题的核心在于乡村振兴。我国的农村基础设施和农业技术创新还比较薄弱，这是乡村振兴面临的瓶颈，需要加大财政投入力度，着力加以破解。区域发展不平衡的原因有很多，而基本公共服务不均衡无疑是其中重要的一个。这就要求完善政府间转移支付制度，加大均衡性转移支付，促进财政横向均等化。

中国式现代化需要国家治理体系和治理能力现代化为之"保驾护航"。党的十八届三中全会明确提出，财政是国家治理的基础和重要支柱。由此来看，财政的现代化是中国式现代化的一个基础性和支柱性要素。我认为，要实现财政的现代化，需要着力推进以下三个方面的改革：

（1）财政政策的现代化。首先，需要进一步处理好政府与市场的关系，明确市场经济条件下政府的职能定位以及政府干预的合理边界，使市场在资源配置中起决定性作用，同时更好发挥政府作用。其次，需要进一步统筹好发展与安全，要充分发挥财政政策在促进经济社会发展中的积极作用，也要着力确保财政可持续性，防范化解财政风险，尤其是地方政府债务风险。最后，需要进一步完善财政政策体系和治理机制，促进中长期战略规划和短期相机抉择政策，以及总量治理（需求侧）和结构治理（供给侧）的有效协同，提升财政政策的治理效能。

（2）政府间财政关系的现代化。中国式现代化的实现需要中央与地方各级政府的共同努力，现代化的政府间财政关系对于有效调动中央与地方两个积极性是至关重要的。而且，科学合理的政府间财政关系也是规范各级政府行为、构建良好的政府与市场关系的前提与基础。这需要进一步深化改革，构建起目标兼容、激励相容的现代财政体制。其中的关键是要确定科学、合理、清晰的财政事权与支出责任划分、财政收入划分以及财政转移支付制度，形成一个财政收支责任更为匹配，有利于兼顾中央与地方利益、确保分权制度效率和控制道德风险的制度安排，最终实现权责清晰、财力协调和区域均衡的目标。

（3）财政制度的现代化。党的十九大报告强调要加快建立现代财政制度。预算制度的现代化是现代财政制度的重要构成，是推进中国式现代化的重要保障。这其中的重点是进一步推进预算制度的科学规范、公开透明和民主监督。税收制度的现代化也是现代财政制度的重要构成，需要进一步深化改革，且改革的重点应放在公平税制、优化税种结构、健全相关法律法规、完善征管体系上。

（二）金融的作用

我们知道，中国式现代化首先是要确保经济的可持续增长，使增量财富源源不断地被创造出来，这就意味着经济增长要有可持续性。

　　要实现中国经济的可持续增长，就必须推动经济结构转型，促进科技进步，实现产业升级乃至产业迭代。基于科技进步的产业迭代是未来中国实现现代化的先导力量，寄希望于借助传统产业和资源型企业让中国实现现代化，那是不可能的。

　　我们必须着力推动科技创新、技术进步、产业升级和产业迭代。但是，从新技术到新产业的转化充满了不确定性或风险。一方面，新技术、新产业没有既成的足够的需求，没有确定的市场；另一方面，它们又会受到传统产业的打压和阻挠，所以新技术变成新产业的过程充满了不确定性。这种不确定性超出了单个资本的风险承受边界，更超出了创业者的风险承受边界。社会需要一种机制来分散从新技术向新产业转化过程中的巨大风险。

　　分散风险必须进行有效的资源配置，这就需要进行金融创新。没有金融创新，从新技术向新产业转化的速度就会减缓，效率也低。回望20世纪80年代，美国和日本的产业竞争力差不多，后来美国之所以大幅度超越日本，就是因为金融创新起到了重要推动作用。硅谷的成功既是科技和产业结合的典范，也是金融创新的硕果。没有金融创新，就不太可能有硅谷。大家只看到高科技、新产业，没有看到金融创新在其中所起的孵化和促进作用，它发挥着分散风险的功能。如果我们只停留在传统金融占主导的金融模式中，实现中国式现代化将会遇到很多困难。

　　在中国，金融必须承担起推动科技创新、技术进步、产业升级和产业迭代的任务。所以，金融创新呼之欲出、应运而生。无论是基于脱媒力量的金融变革，还是基于科技进步的金融创新，目的都是拓展资本业态、金融业态的多样性。金融创新的结果是金融的结构性变革和金融功能的全方位提升，实现金融功能由单一走向多元。金融功能的多元化和金融业态的多样性，是现代金融的基本特征。

　　金融要服务于实体经济，很重要的是要服务于代表未来发展方向的实体经济。金融的使命不是复制历史，而是创造未来。如果金融只是保护传统、复制历史，这种金融就是落后的金融。如果金融关注的是未来，金融业态的多样性就会助力产业的升级换代。一个现代化国家经济的竞争力，在于科技的力量、金融的力量，而不在于其他。

资本业态的多样性是金融业态多样性最富有生命力的表现。从天使投资、风险投资／私募股权投资（VC/PE）到各种功能多元的私募基金和多种新资本业态的蓬勃发展，都是金融创新的重要表现。

金融服务于实体经济，不仅要满足实体经济对融资的需求，还要满足社会多样化的财富管理需求。随着居民收入水平的提高，社会对财富管理的需求日益多样，需要有与其风险偏好相适应的资产类型。越来越多的人倾向于通过市场化的资产组合进行财富管理，以获得超过无风险收益率的风险收益率。所以，金融体系必须创造具有成长性的风险资产，风险资产的背后是风险收益。满足居民日益多样化的财富管理需求，也是金融服务于实体经济的重要内容。

中国式现代化有一个基本元素，就是金融的现代化。如果金融是传统的，那么说中国实现了现代化，恐怕就要打折扣。所以，中国式现代化当然包括中国金融的现代化。金融的现代化一定包括金融功能的多元化。融资、财富管理、便捷支付、激励机制、信息引导等都是金融的功能，金融体系必须充分发挥这些功能。

金融的现代化意味着金融普惠程度的提高。一个缺乏普惠性的金融很难说是现代化的金融。如果金融只为富人、大企业服务，忽略小微企业的融资需求，忽略中低收入阶层的财富管理需求，这种金融仍然不是现代化的金融。

要实现中国金融的现代化，我们必须着力推进以下三个方面的改革：

（1）进一步深入推进市场化改革。市场化改革最重要的是完成金融结构的转型，其中金融功能结构的变革最为重要。我不太关注金融机构体系，而十分关注金融的功能结构。商业银行的传统业务是存、贷、汇，现代商业银行也有其新的功能，如财富管理。处在靠传统利差生存阶段的商业银行是没有竞争力的，市场估值很低。为什么我们的上市银行盈利很高，在资本市场上估值却很低？这是因为它们功能单一，创新不足。这表明，中国商业银行的创新和转型极为重要。市场化改革最大的任务就是要实现金融功能的多元化。

（2）大幅度提高科技水平。没有科技水平的提高，中国金融的发展就只能走老路，只能步发达国家后尘。我们仅靠脱媒和市场化机制去改革金融体系是不够的，还必须通过技术的力量去推动中国金融的变革和发展。我们要高度重视科技对中国金融的作用，因为科技可以从根本上改变信用甄别机制。金融的基石是信用，防范金融风险的前提是信用甄别。在今天的实践中，传统的信用甄别手段识别不了新的风险，因此，通过技术创新提升信用甄别能力变得非常重要。互联网金融网贷平台从本质上说有其存在的价值，但为什么在中国几乎全军覆没？这是因为它们没有解决相应的信用甄别问题，试图用传统的信用甄别方式去观测线上风险，那肯定是没有出路的。

（3）开放和国际化。封闭的金融肯定不是现代化的金融。现代化的金融一定是开放的金融、国际化的金融。所以，中国金融的开放和国际化是未来最重要的改革方向。这其中有两个基本支点：

第一，人民币的自由化和国际化。人民币可自由交易的改革是必须迈过去的坎，是人民币国际化的起点。在世界前十大经济体中，只有中国没有完成本币的自由化。

第二，中国资本市场的对外开放。在中国资本市场上，2022 年境外投资者的占比只有约 4.5%，而在美国这一占比一般约为 18.5%，在东京、伦敦则超过 30%。当前的中国金融市场实际上只是一个半封闭、半开放的市场。中国金融未来改革的重点就是开放和国际化，这是中国金融现代化的核心内容。唯有这样的金融，才能有效推动中国式现代化的实现。

前　言

　　自新中国成立以来，我国经济建设取得了举世瞩目的伟大成就。与此同时，经济体制也发生了重大变革，实现了从高度集中的计划经济体制到充满活力的社会主义市场经济体制的伟大转变。财政体制作为国家治理体系的重要组成部分，也与之相适应地不断进行着变革与发展，为推进社会主义建设事业提供了坚强制度保障。

　　自党的十八大以来，以习近平同志为核心的党中央高度重视财税体制改革，赋予了财政前所未有的重大使命。党的十八届三中全会首次明确提出"财政是国家治理的基础和重要支柱"这一重要论断，并指出要"建立现代财政制度"；党的十九大报告强调要"加快建立现代财政制度"；党的二十大报告更是充分肯定了财政制度与财政政策对构建高水平社会主义市场经济体制的重要作用，并进一步提出了包括"健全现代预算制度""优化税制结构""完善财政转移支付体系"在内的现代财政制度建设的具体内容。随着经济体制改革的不断深化，全面推进现代财政体制建设显得尤为重要且紧迫。因此，如何去建设、建设什么样的现代财政体制，成为现阶段财政工作亟待解答的核心命题，同时也是本书希望能弥补的理论不足之处。

本书共分为六章。

第一章分析了现代财政体制的理论内涵和制度范畴。财政作为国家治理的基础和重要支柱，决定了现代财政体制建设的根本目标在于更好地推进国家治理体系和治理能力现代化。围绕这一根本目标，现代财政体制建设的核心在于确定一个最优可持续的财政分权模式，进而建立权责清晰、财力协调、区域均衡的中央和地方财政关系。在此基础上，建设现代财政体制应坚持三项原则：（1）以有利于实现国家治理现代化为原则；（2）以提高市场资源配置效率并兼顾社会公平为原则；（3）以充分调动中央和地方两个积极性为原则。

第二章回顾了中国财政体制改革的发展历程和历史意义。自新中国成立以来，我国历经数次财政体制变革调整。分税制改革作为新中国成立以来我国财政体制的一次制度创新，为科学、规范、合理地处理中央与地方财政关系奠定了良好的制度基础。但由于分税制改革并未触及财政事权和支出责任划分等核心内容，随着经济社会的发展和公共需要的不断变化，现有财政体制逐渐暴露出诸多现实问题，亟待进一步改革与完善。

第三章阐述了政府间财政事权与支出责任划分的基本原则、现状与基本事实以及建设方向。政府间财政事权与支出责任划分是现代财政体制的核心构成要素，也是理顺政府间财政关系的前提条件。在充分了解政府间财政事权与支出责任划分的主要矛盾与问题的基础上，要合理界定政府与市场的边界，合理划分政府间的财政边界，推进财政事权与支出责任划分法治化，统筹协调财政事权与支出责任相匹配，统筹协调财政事权与财权相匹配，完善地方政府激励机制，推动政府间财政事权与支出责任划分体系朝着规范、清晰、稳定、高效的目标稳步迈进。

第四章阐述了政府间收入划分的基本原则、现状与基本事实，以及政府间收入划分体系的建设方向。随着我国经济转向高质量发展阶段，在新的历史时期，迫切需要地方政府转变职能以实现经济社会全面协调的高质量发展模式。而规范地方政府行为，促使地方政府转变职能的根本在于政治激励约束的优化完善。因此，在现有制度基础上，应加快建立激励兼容的政府间收入划分体系，坚持分税制基本原则，适当调整共享税比例，转向以居民和消费地为核心的税收分享体系，改革消费税征收和划分体系，以及推进房地产税作为地方税主体税种。

第五章阐述了政府间转移支付制度的基本原则、现状与基本事实以及建设方向。政府间转移支付制度作为财政体制的重要组成部分，是应对政府间财政事权和财权划分不统一的必要制度性安排。为了实现各级政府财力与财政事权和支出责任的匹配，需要在明晰政府间财政事权与支出责任划分和政府间收入划分的基础上，建立能够实现地区均衡发展的政府间转移支付制度，进一步完善一般性转移支付制度，优化专项转移支付制度，以及完善省以下政府间转移支付制度。

第六章阐述了省以下政府间财政关系设计的基本原则、省以下财政体制的现状与基本事实以及建设方向。省以下财政体制是中央与地方财政体制的贯彻和延伸，深入厘清省以下的政府间财政关系，有助于增强中央政府的宏观调控能力，发挥中央和地方（尤其是基层政府）的积极性。为了更好地调动省以下政府的积极性、缓解基层财政困难，今后省以下财政体制的建设应着力推动完善省以下收入划分，合理界定财政事权和支出责任，以及规范转移支付制度。

本成果受到中国人民大学 2021 年度"中央高校建设世界一流大学（学科）和特色发展引导专项资金"支持。

目录

| 第一章 |

现代财政体制：内涵、原则与思路

一、现代财政体制的理论内涵 / 1

二、建设现代财政体制的基本原则 / 4

三、建设现代财政体制的总体思路 / 8

| 第二章 |

中国财政体制的改革历程与评价

一、1994 年以前的财政体制 / 14

二、1994 年以后的财政体制 / 35

三、中国分税制财政体制改革评价 / 47

| 第三章 |

建立财政事权与支出责任相适应的财政体制

一、政府间财政事权与支出责任划分的基本原则 / 51

二、政府间财政事权与支出责任划分的现状与基本事实 / 55

三、政府间财政事权与支出责任划分的建设方向 / 75

| 第四章 |

建立激励兼容的政府间收入划分体系

一、政府间收入划分的基本原则 / 87

二、政府间收入划分的现状与基本事实 / 93

三、政府间收入划分体系的建设方向 / 104

| 第五章 |

实现地区均衡发展的政府间转移支付制度

一、政府间转移支付制度的基本原则 / 113

二、政府间转移支付制度的现状与基本事实 / 116

三、政府间转移支付制度的建设方向 / 129

| 第六章 |

健全省以下财政体制

一、省以下政府间财政关系设计的基本原则 / 136

二、省以下财政体制的现状与基本事实 / 138

三、省以下财政体制的建设方向 / 155

参考文献 / 160

第一章
现代财政体制：内涵、原则与思路

党的十八届三中全会做出了"财政是国家治理的基础和重要支柱"的重大论断，并且首次提出我国要"建立现代财政制度"。党的十九大报告和《中华人民共和国国民经济和社会发展第十四个五年规划和2035年远景目标纲要》进一步强调要"加快建立现代财政制度"，以"更好发挥财政在国家治理中的基础和重要支柱作用"。作为现代财政制度的关键构成要素，现代财政体制需要更好地服务于我国新发展阶段推进国家治理体系和治理能力现代化的战略目标，为这一战略目标的顺利实现以及高质量发展和全面建设社会主义现代化国家提供基础性和支柱性的制度保障。为此，深入厘清现代财政体制的理论内涵、探索现代财政体制的基本建设原则和总体建设思路无疑具有重大而深远的意义。

一、现代财政体制的理论内涵

1978年，中国步入改革开放的历史新纪元。纵观我国的改革历程，核心无外乎处理好两个关系：一是政府与市场的关系；二是政府间财政关系。前者的关键在于明确市场经济条件下的政府职能定位以及政府干预的合理边界，发挥市场在资源配置中的基础性和决定性作用；后者的核心则在于完善中央与地方以及各级地方政府间的责、权、利关系，建立健全激励约束机制，促进各级政府职能优化，更好地发挥政府的作用——毫无疑问，一个科学合理的政府间关系是规范各级政府行为、构建良好的政府与市场关系的前提与基础（贾俊雪，2015）。正因如此，财政体制改革始终成为中国经济体制改革的牵引，是促进地方政府竞争、释放地区经济乃至全国经济发展活力的关键举措。然而，随着我国不断深化改革和转变经济发展阶段，我国财政体制的制度优势开始逐步削弱，一些深埋于政府间财政关系中的问题也逐步显现出来，一个最为突出的矛盾就是各级政府的职能定位与其财力保障之间存在不对称性和错位，致使地方政府行为扭曲日趋严重，成为我国长期可持续高质量发展面临的主要挑战，故我国迫切需要深化财政体制改革，破除体制机制障碍，构建有利于高质量发展的科学的财政体制。

2012 年，党的十八大召开，中国特色社会主义进入新时代。2013 年 11 月，党的十八届三中全会做出了《中共中央关于全面深化改革若干重大问题的决定》（以下简称《决定》），开启了我国经济、政治、文化、社会、生态文明体制和党的建设制度的全方位改革进程。《决定》确立了推进国家治理体系和治理能力现代化的战略目标，提出建立现代财税体制，以此作为全面深化改革的关键环节（楼继伟，2014；高培勇，2021），明确指出"科学的财税体制是优化资源配置、维护市场统一、促进社会公平、实现国家长治久安的制度保障"，必须明确事权、改革税制，发挥中央与地方两个积极性。我国改革进入了攻坚期和深水区。而党的十九大报告和《中华人民共和国国民经济和社会发展第十四个五年规划和 2035 年远景目标纲要》则进一步强调要"建立权责清晰、财力协调、区域均衡的中央和地方财政关系"。

除此之外，党的二十大立足于中国式现代化的时代背景和本质要求，对继续完善现代财政制度并发挥其支撑作用提出了更加全面且具体的任务目标。

据此，我们可以就现代财政体制的理论内涵逻辑做简要的概括总结（见图1-1）。

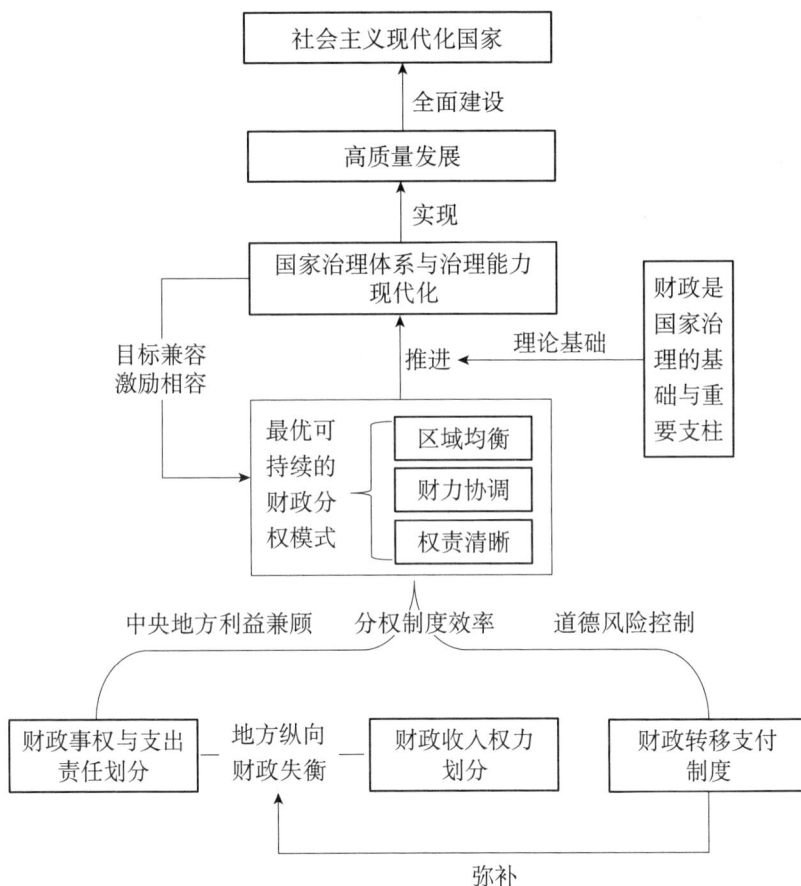

图 1-1 现代财政体制的理论内涵逻辑

（1）根本目标。党的十八届三中全会做出了"财政是国家治理的基础和重要支柱"的重大论断，这为我国建设现代财政体制提供了良好的理论基础和理论源流（高培勇，2014；郭庆旺，2017），也意味着现代财政体制建设的根本目标在于更好地推进国家治理体系和治理能力现代化，从而能够更好地适应高质量发展和全面建设社会主义现代化国家的要求。

（2）制度建设。与上述根本目标能够目标兼容、激励相容的现代财政体制建设的核心在于确定一个最优且可持续的财政分权模式。所谓最优且可持续的财政分权模式是指要在中央与地方以及各级地方政府间确定科学、合理、清晰的财政事权与支出责任划分、财政收入划分以及财政转移支付制度，形成一个财政收支责任更为匹配，有利于兼顾中央地方利益、确保分权制度效率和道德风险控制，进而能够充分调动中央与地方两个积极性的分权格局，最终实现权责清晰、财力协调和区域均衡的目标。

二、建设现代财政体制的基本原则

（一）以有利于实现国家治理现代化为原则

推进国家治理体系和治理能力现代化是我国当前全面深化改革的总目标。与此同时，财政又被视为国家治理的基础和重要支柱。因而，建设现代财政体制必须坚持的一个基本原则是以有利于实现国家治理现代化为导向。

国家治理现代化要求法治化的制度安排。现代财政体制的建设也必须以法治化为目标，为建设法治国家提供保障。法治化财政体制的核心是要通过财政法律、法规和制度对政府间的财政行为构成硬约束，从而规范政府与市场、政府与社会、中央与地方的关系，确定国家治理的基本框架，并为其运转提供财力支撑。

依法理财是法治化财政体制在执法领域的重要表现，是各级政府财政部门开展工作的基本准则（财政部干部教育中心，2017）。在全面深化改革的背景下，各级政府建设收入划分体系、财政事权与支出责任划分体系和转移支付制度也要符合依法理财的要求。税费收入和政府性基金收入、财政支出的去向和规模、中央对地方以及省政府对下级政府的转移支付办法，都要依据法律、法规和制度确定下来，从而使各级政府的财政事权与支出责任更好地相匹配，在政府间形成清晰稳定的财政关系。

国家治理现代化以经济和社会稳定为前提保障。财政作为抵御风险的最后一道屏障，在应对经济风险、社会风险等各种公共风险时承担着"兜底"责任。因此，建设现代财政体制应当有利于实现宏观经济稳定和社会稳定，从而有利于实现国家长治久安。一方面，现代财政体制的建设应当将政府间财政事权与支出责任挂钩，使各级政府的财力与财政事权相适应，实现政府间权责关系的明晰稳定与收支关系的匹配稳定，从而有利于实现国家宏观调控目标，保障宏观经济的平稳运行。另一方面，现代财政体制的建设应当有助于提高中央财政收入占全国财政收入的比重，让中央财力在初次分配时大于地方财力，以便中央能够在再分配环节中通过转移支付对地方进行补助（财政部干部教育中心，2017）。这样不仅有利于更好地发挥中央政府宏观调控的作用、实现宏观经济稳定，也有利于增强中央政府调节收入分配的作用、推动基本公共服务均等化和维护社会稳定。

（二）以提高市场资源配置效率并兼顾社会公平为原则

建设现代财政体制要兼顾效率与公平，既要坚持处理好政府与市场的关系，提高资源配置效率；又要在提高效率的基础上更加注重公平，促进社会公平正义。

从提升市场资源配置效率的角度来看，建设现代财政体制首先需要明确政府与市场的边界，把坚持市场优先的原则普遍应用于各个领域，从而充分发挥市场在资源配置中的决定性作用。政府应当通过简政放权，取消或下放一部分次要财政事权与支出责任给市场，只对市场失效领域进行干预，从而更好地发挥政府的作用，完善社会主义市场经济体制。其次，现代财政体制应当有助于形成一个公平统一、透明开放的市场。政府应当清除市场壁垒，制定、执行公开透明且统一的市场规则，如平等的市场准入和产权保护，为各类经济所有制的主体营造平等的市场竞争环境，从而促进资本、人才等市场要素的自由流动，激发各类市场主体的活力。例如，针对当前很多地方政府为了替本地区争取更多财政收入会采用不当手段与其他地区开展税收竞争的问题，现代财政体制应当通过建立激励兼容的收入划分体系，改善地方政府对本地企业实行地方保护、给予流入企业税收减免和财政补贴的现状，从而减少政府行为对市场机制的扭曲。最后，现代财政体制应当有助于我国转变经济发展方式，进行产业结构优化升级。例如，现代财政体制应当设计科学合理的政府间收入划分体系，改变地方政府追求速度型经济发展的偏好，引导资源的合理配置。与此同时，在中国式现代化和高质量发展对科教兴国、民生福祉、绿色发展等方面提出更高要求的背景下，财政支出方向应当随经济转型有效调整，改变固化的结构以支持重点领域的发展。

从促进公平正义的角度来看，现代财政体制要着重解决经济不公平、不公正的问题。在考虑政府间财政事权与支出责任划分时，要明确政府与市场各自的职能范围，规范政府与国有经济的关系，市场能做的都尽量交给市场去做，减少政府对经济的直接干预，使企业权利平等、机会平等、规则平等；在改进政府间收入划分体系时，要完善税收制度，健全资本、知识、技术、管理等要素由市场决定报酬的机制，减少行政性垄断租金，使税收负担在各生产要素之间合理分配；在完善转移支付体制时，要逐步取消竞争性领域的专项转移支付项目，以便企业间能够公平竞争。在再分配环节中，现代财政体制要充分服务于共同富裕这一发展目标，努力提升基本公共服务均等化水平，为全体社会成员提供同等的基本公共服务保障，更好地履行调节收入分配的职能。收入划分体系与转移支付体制的建设要解决现行财政体制中存在的税收逆向调节、均衡性转移支付比重过低的问题，充分发挥税收与转移支付工具的再分配作用，增加低收入者收入，扩大中等收入者比重（楼继伟，2015）。随着"第三次分配"的提出，包括税收在内的各方面法律制度要进一步完善，通过加大优惠力度、简化纳税程序等方式，激励有意愿有能力的企业、社会组织和个人积极参与公益慈善事业。

（三）以充分调动中央和地方两个积极性为原则

中央与地方关系是国家治理的核心要素，自1956年毛泽东提出"我们的国家这样大，人口这样多，情况这样复杂，有中央和地方两个积极性，比只有一个积极性好得多"这一著名论断后，中央一直将发挥中央和地方两个积极性作为指导我国构建央地关系的根本性原则。在党的十九届四中全会上，"构建从中央到地方权责清晰、运行顺畅、充满活力的工作体系"也再一次被中央提出。为此，建设现代财政体制必须充分发挥中央和地方两个积极性，既要通过科学配置政府间的财政事权、支出责任、财权、财力，保障中央政府实施宏观调控、推行重大改革、实现基本公共服务均等化、协调区域发展的能力，促进国家的长治久安，实现国家治理的现代化；又要在对现行政府间财政事权与支出责任划分、收入划分进行调整后，通过转移支付体制弥补地方可能出现的财力缺口，保护地方利益，调动其贯彻落实中央政府出台的政策方针、积极参与全面深化改革进程的主动性和创造性，充分发挥地方政府的信息优势和基层首创精神。

三、建设现代财政体制的总体思路

建设现代财政体制既需要进行总体设计，使其服务于全面深化改革全局；又需要采取分步实施的策略，适时推进财政体制的相应改革。加强总体设计，就是要明确现代财政体制建设的逻辑顺序、主攻方向，增强体制建设的整体性、系统性和协调性（楼继伟，2015）。建设现代财政体制的逻辑链条应当是在明确政府与市场的职能边界和各级政府间财政事权的基础上，明晰各级政府的支出责任、合理划分各级政府的收入，最后依托科学的转移支付体制调节各级政府的财力缺口。以下，本小节从政府间财政事权与支出责任划分、政府间收入划分、政府间转移支付制度建设和省以下财政体制建设这四个方面简要阐述建设现代财政体制的总体思路。

（一）建立财政事权与支出责任相适应的体制

在建立财政事权与支出责任相适应的体制的过程中，首要任务是明确政府与市场的作用边界，加快转变政府职能，继续深入推进简政放权改革，使市场在配置资源的过程中充分发挥决定性作用，减少政府直接分配资源给经济造成的扭曲。政府可以考虑将次要财政事权和支出责任通过政府购买服务、政府和社会资本合作（PPP）等方式交给市场承担，鼓励民间资本进入基础设施和市政公用事业设施建设领域，政府只对民间资本投资实施必要的监管。其次，在对各级政府的财政事权进行划分时，应当充分考虑信息优势、外部性、规模经济和公平与社会稳定等原则，适度加强中央财政事权，明确地方财政事权，减少并规范中央与地方的共同财政事权，并逐步建立起财政事权划分的动态调整机制。随后应基于财政事权划分，调整中央与地方的支出责任。中央应当直接承担中央财政事权的支出责任，必要时可通过对地方进行专项转移支付，把支出责任委托给地方承担；地方应当直接承担地方财政事权的支出责任，当发生地方财力不足以承担其支出责任的情况时，地方可通过获取一般性转移支付资金弥补财力缺口；而对于共同财政事权的支出责任，中央与地方应根据基本公共服务的属性以一定的比例共同承担。财政事权与支出责任都划分好后，要通过法律形式确定下来，实现政府间财政事权与支出责任划分的法治化、规范化。最后，政府间财政事权与支出责任划分改革要配套行政体系考核和干部任用机制的改革进行。政府应逐步建立起以反映民意为基础的官员评价体系以及组织遴选和民意反映相结合的官员晋升体系（郭庆旺、吕冰洋，2014），从而让各级政府在明确其财政事权与支出责任的基础上，积极履行、承担其财政事权与支出责任，最终让政府间财政事权与支出责任划分改革落到实处。

2016 年 8 月，国务院印发了《国务院关于推进中央与地方财政事权和支出责任划分改革的指导意见》；2018 年 2 月，国务院办公厅又发布了《基本公共服务领域中央与地方共同财政事权和支出责任划分改革方案》；此后，教育、医疗卫生、环境保护、交通运输等分领域的改革方案也相继出台，我国以基本公共服务为主体的中央与地方财政事权和支出责任划分框架由此初步构建起来，这在很大程度上改变了我国以往中央与地方财政事权和支出责任划分不够明晰的局面。未来我国既需要适时制定、修订相关法律、行政法规，以科学合理的法律体系保障中央与地方财政事权与支出责任的划分；又需要加快完善中央与地方收入划分体系和转移支付体制，协同推进公共服务领域管理体制改革，行政体系考核和干部任用机制改革，财政预算管理、绩效评价及监督制度改革，并辅之以基本公共服务大数据平台建设，从而让中央与地方的财政事权与支出责任进一步得到落实。

（二）建立激励兼容的收入划分体系

要建立起激励兼容的收入划分体系，需要在稳定中央和地方财力总体格局的基础上，配套进行中央与地方财政事权与支出责任划分改革和税收制度改革，依据税种属性不断优化中央与地方收入划分。这样才能在保障中央宏观调控能力、调节收入分配能力的前提下，充分发挥地方的积极性、主动性，实现国家的长治久安。

首先，要在中央与地方财政事权与支出责任划分明确且稳定的前提下，遵循分税为主、分成为辅的原则，综合考虑税种属性、税收功能和税收征管效率与成本等因素，科学划分中央税、地方税、共享税及其分成比率，完善中央与地方收入分配格局。新的收入划分体系应当能够充分满足中央与地方履行财政事权和支出责任的需要；引导地方政府转变经济发展方式、优化产业结构；规范税收秩序，消除不同市场主体的税收不平等待遇。可以考虑将收入周期性波动较大、再分配功能较强、税负容易转嫁、税款征收具有规模效应、税基流动性较强、税基分布不均衡的税种作为中央税或者中央分成多一点（财政部干部教育中心，2017），反之，则作为地方税或者地方分成多一点。其次，要在上述税种划分布局或税收收入分成安排的基础之上，加快推进税收制度改革，完善地方税体系，健全地方主体税种，从而调动地方政府组织财政收入的积极性和主动性，帮助地方政府更加有效地履行财政事权和支出责任。可以考虑将增值税的税收分享机制从生产地调整为消费地；在短期内调整消费税的征收范围、征收环节和税率，开征零售税；在长期内建立以房地产税为主体、资源税和环境保护税辅助完善的地方税收体系。最后，应当规范非税收入，清理、规范行政事业性收费和政府性基金收入，将所有财政收入都纳入中央与地方收入划分体系。对于税收收入与非税收入的征管，都应该严格依照法律、法规进行，加快形成科学立法、严格执法、全民守法的依法治税、依法治费的新局面（楼继伟，2015）。

2019 年，国务院印发了《关于印发实施更大规模减税降费后调整中央与地方收入划分改革推进方案的通知》，提出要继续保持增值税中央与地方"五五分享"比例，调整完善中央与地方增值税留抵退税分担机制，后移消费税征收环节并稳步下划地方。这次改革的目的在于维持我国现有财力格局的总体稳定，为实施更大规模的减税降费提供有力支撑，并在此基础上建立起更加均衡合理的收入划分机制，培育壮大地方税税源。未来我国应该进一步规范非税收入，健全地方税体系，加快制定并完善税收及其征管的相关法律、法规，并继续依照上文提到的相关原则和考虑因素对中央与地方的所有收入进行划分，逐步建成激励兼容的收入划分体系。

（三）建立实现地区均衡发展的转移支付体制

建立能够实现地区均衡发展的转移支付体制，就是要围绕构建现代财政体制，形成以政府间财政事权和支出责任划分为依据，以一般性转移支付为主体，共同财政事权转移支付和专项转移支付有效组合、协调配套、结构合理的纵向转移支付体制，充分发挥转移支付体制在调节各级政府财力盈余及缺口、弥补纵向及横向财政失衡、矫正辖区间外部性、稳定宏观经济、促进区位效率提高、引导地方帮助实现中央特定的政策目标等方面的积极作用。

为此，需要在明晰政府间财政事权与支出责任划分和政府间收入划分的基础上，合理调整纵向转移支付结构，帮助各级政府实现财力与财政事权和支出责任的匹配。对于一般性转移支付体制建设，应加快建立并完善共同财政事权转移支付。对于专项转移支付体制建设，应在进一步清理、整合专项转移支付的前提下，严格控制、依照法律法规设立新专项，逐渐优化专项转移支付结构，并对专项转移支付管理、评估与退出机制进行完善、落实，使专项转移支付管理的透明度和资金使用效率都得到提高，并探索建立分类拨款转移支付。此外，应当努力推动政府间转移支付管理办法上升为法律的法治化进程，使政府间转移支付制度的法律层级和权威得到提升。

自 2018 年以来，我国中央与地方财政事权和支出责任划分改革相继在教育、医疗卫生、环境保护、交通运输等基本公共服务领域取得突破性进展。在此背景下，我国新设立了共同财政事权转移支付，将原本一般性转移支付资金和专项转移支付资金中涉及基本公共服务领域中央与地方共同财政事权的部分，统一划归为共同财政事权转移支付资金，从而更加清晰和完整地反映中央政府所承担的基本公共服务领域共同财政事权的支出责任，促进转移支付与政府间财政事权和支出责任划分相适应，有利于更好地发挥转移支付体制的积极作用，提升转移支付的资金使用效率。未来还需要继续促进转移支付体制与政府间财政事权和支出责任划分、政府间收入划分相适应，加快建立和完善共同财政事权转移支付体制，并保证共同财政事权分类分档转移支付资金能够优先足额安排、提前下达、及时拨付。与此同时，还要不断强化共同财政事权转移支付管理，逐步明确共同财政事权转移支付项目设置和评估，预算编制，资金申报、分配、下达、使用，绩效管理和监督等内容。

（四）健全省以下财政体制

自 2018 年以来，我国中央与地方财政关系调整取得了重大进展，但省以下政府间财政关系调整却举步维艰。相较于中央与地方财政关系的调整，省以下政府间财政关系的优化更为复杂，也更具挑战性。

　　要健全省以下财政体制，首先需要省政府在中央的指导、监督与问责下，依照划分财政事权的基本原则，因地制宜地对各级地方政府的财政事权与支出责任进行分配。省政府应当将调节收入分配、维系社会稳定、协调区域发展等适宜由更高一级政府承担的财政事权与支出责任上移，将能够充分发挥基层政府当地信息、管理优势的财政事权与支出责任下移。各级政府对各项财政事权与支出责任的归属也应当通过法律、法规明确下来，便于中央对各级政府的职能履行进行监督和问责。省以下政府间财政事权和支出责任划分改革也要与行政体系考核改革和干部任用机制改革并驾齐驱，以便充分赋予地方政府履行、承担财政事权与支出责任的政治激励和约束，推进我国地方政府治理的现代化。其次，省政府要调整各级政府间收入划分，通过法律、法规明确省以下各级政府的税种划分与税收收入分成方案，并进一步建立、完善省以下财政资金直达机制和预算管理制度（吕冰洋等，2021），从而提升财政资金的到位效率和使用效率，帮助各级政府实现财力与财政事权和支出责任的匹配。最后，省政府要通过加大对低层级政府的转移支付力度充分履行均衡区域内财力差距的职责，切实保障基层政府拥有提供基本公共服务的财力。省以下政府间转移支付行为可以通过地方性法规进行明确和规范。

第二章
中国财政体制的改革历程与评价

　　财政体制是国家经济体制的重要组成部分，是政府间财政关系的具体体现。自 1949 年以来，我国历经数次财政体制调整，而以 1994 年分税制财政体制改革这一分水岭为标志可划分为两个大的时期。分税制改革作为我国财政管理体制的一次制度创新，为科学、规范、合理地处理中央与地方财政关系奠定了良好的制度基础，对中央和地方政府行为进而对中国经济产生了极其深远的影响。本章旨在回顾自 1949 年以来中国财政体制的改革历程，着重提炼分税制财政体制改革的变迁逻辑和制度机理，总结并揭示其历史意义和主要成效。

一、1994 年以前的财政体制

　　自中华人民共和国成立到 1994 年分税制财政体制改革，中国财政体制发生了多次重大的调整，但总体上可以分为两个阶段：一是 1949—1978 年计划经济时期的统收统支阶段；二是 1979—1993 年改革开放初期的财政包干阶段。

（一）计划经济时期的统收统支财政体制（1949—1978 年）

1. 国民经济恢复时期的财政体制（1949—1952 年）

中华人民共和国成立之初，国家内外交困，国民经济处于崩溃边缘。受长期战争影响，国家财政尚处于分散经营、分散管理、收支脱节以及赤字严重的状况。[①] 为了尽快恢复国民经济，稳定市场物价，平衡财政收支，国家进行了一系列财政制度建设。

（1）"高度集中、统收统支"的财政管理体制（1949—1950 年）

1949 年冬，中共中央确定了全国财政经济实行统一管理的方针。1950 年 2 月，政务院财政经济委员会在北京召开第一次全国财经会议，讨论解决财政经济困难的对策，会议决定节约支出，整顿收入，统一国家财政经济工作。同年 3 月和 4 月，中央先后发布《关于统一国家财政经济工作的决定》《关于统一管理一九五零年度国家财政收支的决定》，明确要求统一国家财政收入，建立高度集中统一的财政管理体制。这一时期财政管理体制的主要内容有：

第一，财政管理权限集中在中央。国家税收制度、财政收支程序、供给工资标准、行政人员编制及全国总预决算等，均由中央统一制定或编制，经批准后实行。

第二，财政收支集中在中央。财政收入方面，公粮（农业税）、关税、盐税、货物税、工商业税等主要收入来源均归中央所有，一律解缴中央人民政府金库；财政支出方面，各级政府财政支出均由中央统一审核，逐级拨付。地方政府财政收入与财政支出基本上不发生直接联系。

第三，除地方附加外的各项财政收支，全部纳入国家预算。核实

---

① 据有关资料统计，1949 年全国财政收入只相当于 303 亿斤小米，而财政支出却高达 567 亿斤小米，财政赤字高达 264 亿斤小米，赤字占支出的 46.56%。

人数，核实开支，节余缴公；无预算不拨款，无计算不审核预算，纠正以临时批拨代替审核的做法；随时检查各收支部门是否按照财政计划执行及执行中有无错误。

由于财政管理权限和财力均高度集中于中央，地方主要财政收入需上缴中央，地方主要财政支出亦需中央审核拨付，故这种体制被人们称作"高度集中、统收统支"的财政管理体制。该体制的实施使中国在1949年后短时间内便取得了财政收支趋于平衡、制止通货膨胀和稳定物价的明显成效。据有关资料统计，到1950年底，全年财政总收入超出原概算的31.7%，财政总支出超出原概算的9.3%，财政赤字由原概算的18.7%减少至4.4%，全国财政收支已接近平衡。

（2）"划分收支、分级管理"的财政管理体制（1951—1952年）

1951年全国财政经济形势初步好转，为了更好地调动地方积极性，提高地方财政机动性，中央开始探索改革财政经济工作，决定实行"划分收支、分级管理"的财政管理体制。

1951年3月，政务院发布《关于一九五一年度财政收支系统划分的决定》，决定实行"统一领导、分级负责"的财政三级制，并明确各级财政收支范围。同年5月，政务院发布《关于划分中央与地方在财政经济工作上管理职权的决定》，明确在保证财政工作统一领导的原则下，因地制宜地向地方政府逐步下放部分财政管理职权。这一时期我国财政管理体制的主要内容如下：

第一，财政实行分级管理。财政收支系统采取"统一领导、分级负责"方针，实行中央、大行政区和省（市）三级财政制。专署及县（市）的财政，列入省财政内。中央级财政称中央财政，大行政区级以下财政，均称地方财政。

第二，划分各级财政收支系统。由财政部就指定的收入及核准的各区预算，划分一部分为大行政区的收支；大行政区根据中央划分之收支，按所属各省（市）具体情况，划分为大行政区级与省（市）的财政收支，并报政务院财政经济委员会备案。中央直属省（市）的财政收支，由财政部划分，报请政务院财政经济委员会核准施行。

第三，划分国家财政收入。财政收入主要划分为中央财政收入、地方财政收入①以及中央和地方的比例解留收入三类。中央财政收入包括：农业税、关税、盐税、中央直接经营与管理的国家企业收入、清仓收入、中央级行政司法规费收入（包括土地所有证费收入）、内外债款收入、国家银行收入及其他收入等。地方财政收入包括：屠宰税、契税、房地产税、特种消费行为税、使用牌照税、大行政区以下经营的国营企业收入、地方行政司法规费及其他收入等。中央和地方的比例解留收入则包括：货物税、工商业税、印花税、交易税、存款利息所得税以及烟酒专卖利润收入等。

第四，划分国家财政支出。按照行政、企事业单位隶属关系和业务范围，划分为中央财政支出和地方财政支出。中央财政支出主要包括：国防费、中央经营的国营企业投资、经济建设事业费、社会文化教育事业费以及中央级行政经费、内外债还本付息、其他支出等。地方财政支出主要包括：地方各级管理的国营企业投资、经济建设事业费、社会文教事业费、地方各级行政管理费和其他支出等。

第五，地方财政收支，每年由中央核定一次预算。地方财政支出由地方财政收入、比例解留收入、中央财政拨款补助依次抵补。地方财政收入大于财政支出的，应将收入大于支出部分上缴中央财政。

第六，上年预算结余，分别列为各级财政收入，编入本年预算，并抵顶支出。决算后上年实际结余超过预算编制数的，超过部分由中

---

① 地方财政收入包括大行政区或省（市）的收入。

央酌情分配给地方一部分；上年实际结余未达到预算编制数的，则由中央补助地方不足部分。此外，为了调动地方增收积极性，农业税超收部分 50% 留给地方。

1951 年的财政管理体制改革，通过明确中央和地方收支范围、预算实行收支挂钩、因地制宜下放财政职权等措施，在坚持中央统一领导的同时，开始探索调动地方积极性，有效促进了全国财政经济工作的开展。[①] 自此，我国财政管理体制开始由统一财政管理体制向分级财政管理体制过渡。

2."一五"计划时期的财政体制（1953—1957 年）

经过三年的国民经济恢复阶段，我国财政收支已经完全平衡，工农业生产得到全面恢复，国家开展大规模经济建设已具备良好基础。按照"三年准备、十年计划经济建设"[②] 的指导思想，1953 年，我国开始实施第一个五年计划。为更好适应当时经济形势的需要，发挥"集中力量办大事"的制度优势，中央开始加强对财经工作的集中统一领导。

1952 年 11 月，中央决定调整大行政区政府设置，将大区由一级政权机构调整为中央的派出机构[③]，适当下放管理权限，并于 1954 年将大区全部撤销[④]。1953 年，中央将财政管理体制相应地调整为中央、

---

① 据统计，1951 年国家财政总收入 133.1 亿元，总支出为 122.5 亿元，结余 10.6 亿元。相较 1950 年收支接近平衡的局面，1951 年国家财政不但实现收支平衡，还留有结余。

② 1951 年 2 月，中共中央政治局扩大会议提出"三年准备、十年计划经济建设"的指导思想。

③ 1952 年 11 月 15 日，中央人民政府委员会第十九次会议通过了《关于改变大行政区人民政府（军政委员会）机构与任务的决定》，将大行政区人民政府（军政委员会）一律改为行政委员会，作为中央人民政府的代表机构。

④ 1954 年 4 月 27 日，中共中央政治局扩大会议决定撤销大区一级党政机关，在办理大区机构撤销过程中，暂时成立中共中央大区工作部。6 月 19 日，中央人民政府委员会第 32 次会议通过《中央人民政府关于撤销大区一级行政机构和合并若干省、市建制的决定》。

省（市）和县（市）三级财政制①；同年，中央召开全国财经工作会议，周恩来在会上明确提出了改进财政管理体制的方针和指导思想②。1954年，邓小平在全国财政厅局长会议上进一步提出了财政工作的六条方针。③总体而言，1953—1957年我国财政管理体制的主要内容如下：

第一，根据分级管理原则，实行中央、省（市）、县（市）三级预算。取消原大区一级财政，大行政区支出由大行政区财政部门审核汇报，报送中央财政部，列入中央预算，为中央预算的单位预算。设立县（市）一级财政，并将区、乡（村）镇的支出列入县（市）总预算，为县（市）的单位预算。所有乡（村）镇原在工商业税、城市房地产税上的附加，及一切未经法令规定的自行摊派等，一律停止征收。

第二，采取分类分成办法，划分政府财政收入。将国家预算收入划分为固定收入、固定比例分成收入和调剂收入三类。属于中央的固定收入包括：关税、盐税、烟酒专卖收入以及中央和大区管理的企业收入、事业收入和其他收入等。属于地方的固定收入包括：印花税、利息所得税、屠宰税、牲畜交易税、城市房地产税、文化娱乐税、车船使用牌照税以及地方国营企业收入、事业收入和其他收入等。中央与地方固定比例分成收入包括：农业税和工商业税。属于中央的调剂

---

① 1952年11月22日，政务院发布《关于1953年度各级预算草案编制办法的通知》。

② 周恩来在会议总结中指出，财政体制，在中央统一领导和计划下，确定财政制度，划定职权范围，分级管理，层层负责。国家预算，在国家的统一预算内实行三级［中央、省（市）和县（市）］预算制度，划分中央与地方的收支范围，按照主次轻重及集中和分散情况，分配中央与地方的大体比例。地方收多于支者上缴，收少于支者补助。地方财政，按照统一制度，凡超计划的征收与节约，一般归地方支配。

③ 六条方针的主要内容是：（1）归口；（2）包干；（3）自留预备费，结余留用不上缴；（4）精减行政人员，严格控制人员编制；（5）动用总预备费须经中央批准；（6）加强财政监察。

收入包括：货物税和商品流通税。

第三，基本按照隶属关系，划分政府财政支出。属于中央的企业、事业和行政单位的支出，列入中央预算；属于地方的企业、事业和行政单位的支出，列入地方预算。

第四，地方预算每年由中央核定，按照收支划分。地方的财政支出，首先用地方的固定收入和固定比例分成收入抵补，差额不足部分由中央划给调剂收入弥补。分成比例一年一定，地方预算超额部分仍按原定比例分成。地方政府的年终结余由各地在下年度安排使用，不再上缴。

3. "大跃进"时期的财政体制（1958—1960 年）

（1）"以收定支、五年不变"的财政体制（1958 年）

1957 年 11 月，国务院颁布《关于改进财政管理体制的规定》，开始实行"以收定支、三年不变"的财政管理体制，在原有基础上，进一步扩大地方财政的管理权限，增强地方的机动财力。1958 年 4 月，中央进一步将三年不变调整为五年不变。[①] 这一时期财政体制的主要内容如下：

第一，扩大地方财政收入范围，提高地方财力。收入仍实行分类分成办法，将地方财政收入分为固定收入、企业分成收入和调剂分成收入。将原有地方企业收入、地方事业收入、七种原已划给地方的税收及地方其他零星收入，全部划归地方；将中央划归地方管理企业和虽属中央管理但地方参与分成企业利润的 20% 划归为地方收入；将商品流通税、货物税、营业税、所得税、农业税和公债收入作为分成调剂收入，根据各地收支平衡需要按不同比例调剂。

第二，调整地方财政支出范围，划分为两大类。一是地方正常支

---

① 1958 年 4 月 11 日，国务院发出《关于地方财政的收支范围、收入项目和分成比例改为基本上固定五年不变的通知》，取消了原定基本上三年不变的规定。

出，主要包括地方经济建设事业费、社会文教事业费、行政管理费和其他地方经常性支出等，由中央划给收入自行安排。二是中央专案拨款支出，主要包括基本建设拨款和重大灾荒救济、大规模移民垦荒等特殊性开支，一年一定，由中央拨付，纳入地方预算。

第三，确认地方财政平衡次序，确定上缴比例。一是地方固定收入超过正常支出需要的，将多余部分上缴中央，并确定上缴比例；二是地方固定收入不能满足正常支出需要的，划给一定比例的企业分成收入；三是地方固定收入、企业分成收入不能满足正常支出需要的，划给一定比例的调剂收入；四是以上三种收入仍不能满足正常支出需要时，差额部分由中央拨款补助。

第四，确定地方正常支出和划分收入数额。地方收入和地方支出均以1957年预算数作为基数，收支项目和分成比例确定后，原则上五年不变，地方多收可以多支。地方预算在执行过程中，收入超过支出的，地方可以自行安排使用。地方预算的年终结余全部留给地方，由地方在下年度自行安排使用。

尽管1958年的财政体制改革大大加快了国民经济发展速度，但它也滋生了诸多弊端，使得其在仅仅实行一年之后便难以为继。这其中的主要问题在于：受"大跃进"高指标、浮夸风等的影响，国家经济工作开始偏离正轨，财政收支出现"假结余掩盖真赤字"的指标虚假问题；同时由于财政管理权限的过快过多下放，地方分得的机动财力大大超出原有预计，且地区间财力差异甚大，生产发展快的地区将超收部分自留，生产发展慢的地区则需中央财政调剂。如果财政体制继续按照原计划五年不变的要求贯彻下去，则中央财政将难以维持。

（2）"总额分成，一年一变"的财政体制（1959—1960年）

1958年9月，国务院发布《关于进一步改进财政管理体制和改进银行信贷管理体制的几项规定》，决定从 1959 年起实施"总额分成，一年一变"的财政体制，试图通过将"五年不变"改为"一年一变"的做法，改进财政管理体制，解决财力过于分散等问题。这一时期的财政管理体制的主要内容如下：

第一，下放收支管理权限。一方面，下放财政收入的管理权，除少数仍由中央直接管理和不便于按地区划分的收入，如铁道、邮电、外贸、海关等收入以外，将其他收入全部划给所在地方管理，作为地方财政收入。另一方面，下放财政支出的管理权，除中央各部门直接办理的少部分经济建设支出、中央级行政和文教科学卫生支出、国防费、援外支出和债务支出以外，将其他支出全部划给所在地方管理，作为地方财政支出。

第二，按计划包干收支。根据年度国民经济计划和其他有关指标，编制各地方财政收支计划。收支相抵后，收大于支的地方将多余部分按比例上缴中央，收小于支的地方按不足部分由中央补助。

第三，平衡地区间收支。地方上缴中央的收入，除少数用于中央开支外，主要用于调剂补助建设任务多的地区、经济落后的地区和少数民族地区等。

第四，总额分成，一年一变。地方负责的总收入和地方财政的总支出挂钩，以省（区、市）为单位，将地方财政总支出占地方财政总收入的比例作为地方总额分成比例，分成比例由中央每年核定，一年一变。

由于缺乏社会主义建设经验，1959 年的财政体制财权下放过多，财力过于分散，财政管理偏松，使得国民经济失调状况进一步加剧。[①]

---

① 1960 年 12 月 31 日，财政部党组《关于改进财政体制、加强财政管理的报告》明确指出："在财政管理和财政体制方面，相当突出地存在着财政纪律松弛、财政管理偏松、资金使用分散和财权分散等现象。"

这一时期财政体制改革虽然使制度得以简化，但仍然没有处理好中央集权和地方分权之间的关系，没有实现改革预期目标。

4. 国民经济调整时期的财政体制（1961—1965 年）

1958—1960 年，国民经济陷入困境。为了摆脱困境，1961 年中央决定对国民经济实行以调整为中心的"八字方针"，并重新成立六个中央局，坚持"全国一盘棋"的原则，强调中央对各项工作的统一领导。[①]

由于前一阶段财权的过多过快下放，中央财政占财政总收入比重出现了大幅下降，中央对地方经济行为的宏观调控能力存在失控风险。有鉴于此，1961 年 1 月，中共中央批转财政部党组《关于改进财政体制、加强财政管理的报告》，并随之发布《关于调整管理体制的若干暂行规定》，明确要求将财权和经济管理大权集中上收，开始实行加强中央集中统一的财政管理体制。其主要内容如下：

第一，财权基本上集中在中央、大区和省（区、市）三级。[②] 大区作为一级财政，拥有对各省（区、市）财政指标的分配调剂权、对所属省（区、市）财政工作的领导和监督权以及部分国家总预备费用的直接使用权。

第二，对各省（区、市）继续实行"总额分成，一年一变"的办法，但在收入方面，收回部分重点企事业单位收入，作为中央固定收

[①]　1961 年 1 月 14—18 日，党的八届九中全会在北京举行。会议听取和讨论了《关于1960 年国民经济计划执行情况和 1961 年国民经济计划主要指标的报告》，决定从 1961 年起，对整个国民经济实行"调整、巩固、充实、提高"的方针。

[②]　1958 年，中央为了加强对地区经济的计划指导，协调各大区内省（区、市）之间的经济联系，从当时的实际出发，考虑历史关系和政治、经济、军事需要，将全国划分为 7 个协作区（东北、华北、华东、华南、华中、西南、西北）。1961 年，党的八届九中全会批准了1960 年 9 月中央政治局关于成立东北、华北、华东、中南、西南、西北六个中央局的决定，从而把 1958 年成立的七大经济协作区调整为六大经济协作区。

入；在支出方面，将基本建设拨款改由中央拨款。

第三，严格财政预算管理，实行上下一本账，坚持"全国一盘棋"。各级财政预算，坚持收支平衡，略有结余，一律不准列赤字预算。

第四，采取"纳、减、管"办法，整顿预算外资金，即将一些预算外资金纳入预算，减少另一些预算外资金数额并加强管理。

第五，加强财政监督，严格财政纪律。凡是没有计划、没有预算和超过规定标准的开支，财政部门一律不予拨款。

1962年，中共中央、国务院先后发布了《关于切实加强银行工作的集中统一，严格控制货币发行的规定》（即"银行工作六条"）和《关于严格控制财政管理的决定》（即"财政工作六条"），有效加强了中央在财政金融领域的集中统一管理，为平衡财政信贷收支奠定了坚实的制度基础。1963—1964年，随着财政情况的逐步好转，在中央集中统一领导的前提下，中央对财政体制进行了适当调整，开始有限度地扩大地方权限（石建国，2011）。到1965年，地方预算结余不再上缴中央，全部留归地方安排使用并重新恢复中央、省（区、市）和县（市）三级财政。

通过实行包括加强中央集中统一的财政管理体制在内的系列政策决定，国民经济开始全面好转，到1965年，各项经济指标已恢复到"一五"计划时期最好水平，国民经济调整任务已基本完成。

5. "文化大革命"时期的财政体制（1966—1976年）

1966年，"文化大革命"被错误发动并很快席卷全国。在政治发生动乱、经济遭受破坏的情况下，为了维持国家机器运转，财政体制变革频繁。在这十年间，财政体制主要可分为以下几个阶段：

（1）"总额分成，一年一变"的财政体制（1966—1970年）

1966—1970年，中央总体上是实行"总额分成，一年一变"的财政体制，其间仅作了微小的变动。1966 年，因上一年出现财政赤字，财政暂时实行了"收支两条线"的办法。1967—1968 年，"文化大革命"扩展到经济领域，经济工作机构陷入瘫痪，政策、制度、规章遭到废除，国民经济受到严重破坏，财政收入锐减。为了平衡财政收支，中央不得不收回下放给地方的部分财权，再次实行统收统支的"收支两条线"办法。到 1969 年局势相对稳定，财政又恢复了"收支挂钩，总额分成"的办法。

（2）"收支包干"的财政体制（1971—1973 年）

1970 年，为了改变中央"统得过多、管得过死"的原有局面，调动地方政府经济建设的积极性，中央决定大面积下放工业企事业单位，交由地方管理。^①与之相适应，财政体制做了较大调整。1971 年 3 月，财政部发布《关于实行财政收支包干的通知》，决定从当年起，实行"定支定收，收支包干，保证上缴（或差额补贴），结余留用，一年一定"的财政管理体制。其主要内容如下：

第一，扩大地方财政收支范围。除基本建设、文教行政、国防战备、对外援助和国家物资储备等支出外，其余都划归地方财政。

第二，地方预算收支总额，由地方提出建议，经中央核定。收大于支的，按绝对数包干上缴中央；支大于收的，由中央按差额包干予以补助。上缴或补助数确定后，一般不作调整。

第三，在预算执行过程中，地方超收收入或支出结余，均归地方支配使用，如果发生短收或超支，则由地方自求平衡。

财政收支包干办法的实施，一定程度上调动了地方增收节支的积极性，但也存在一些问题：一方面是受动乱冲击影响，各地生产尚未

---

① 1970 年 2 月 15 日至 3 月 21 日，国务院召开全国计划会议，制定 1970 年国民经济发展计划，会上研究、讨论、制定了《第四个五年计划纲要（草案）》。草案要求改革经济管理体制，下放企业，试行基建投资、物资分配、财政收支"三大包干"等。

恢复，核定地方收支包干指标时并未完全符合实际，导致地区间机动财力过于悬殊；另一方面是由于实行绝对数包干，超收部分全部留归地方，短收地区则需中央补助，中央难以继续维持财政平衡。

针对实施中存在的问题，1972 年，财政部发出《关于改进财政收支包干办法的通知》，对财政收支包干办法进行了适当调整。自 1972 年起，地方超收 1 亿元以下的，全部留归地方；地方超收 1 亿元以上的部分，上缴中央一半。1973 年，大部分地区沿袭了这一体制。

（3）"收入分成、支出包干"的财政体制（1974—1975 年）

受"文化大革命"的冲击，国民经济遭到严重破坏，地方财政收入难以达到预定目标，导致财政收支包干制度难以推行。针对这一问题，1972 年部分地区提出了新的改革建议，并获得国务院批复原则同意。①

1973 年，财政部提出《关于改进财政管理体制的意见（征求意见稿）》，建议试行"收入按固定比例留成，超收另定分成比例，支出按指标包干"的办法。② 该办法在华北、东北、江苏等地区先行试点，并于 1974—1975 年在全国推行。其主要内容有：第一，地方收支计划由中央分别核定下达，收入与支出脱钩；第二，中央以各地预算收入指标为基数，按不同固定比例留成作为地方机动财力；第三，地方财政收入超收部分，另定分成比例，地方留成部分一般不超过 30%；第四，地方财政支出按中央核定指标包干，年终结余不上缴。

---

① 1972 年，在华北经济协作区会议上，河北省负责同志建议：各省的财政收支计划仍由中央核实下达，地方要努力完成。为了保证地方过日子，按人口计算，每人给 2 元钱，作为地方的机动财力。意见得到了华北各省（区、市）同志的赞同，他们一致要求试行。后来，意见获得国务院批复原则同意，并在当年的计划会议上确定，首先在华北地区、东北三省和江苏省试行。

② 该文件系在全国计划会议上发给各省（区、市）讨论，后并未下达过正式文件；1974 年、1975 年均实行这种财政管理体制。

在当时国民生产遭到破坏、财政收入仍不稳定的情况下，这一办法保证了地方必不可少的支出，使地方政府拥有一笔较为稳定的机动财力，因此该体制也被称为"旱涝保收"体制。但由于收支并不挂钩的制度性缺陷，这一办法不利于调动地方增收节支和平衡预算的积极性，也不能较好体现地方财政的权责关系。

（4）"收支挂钩，总额分成"的财政体制（1976年）

为了加强地方财政收支的权责联系，1976年初，财政部制定《关于财政管理体制问题的通知（草稿）》，决定实行"定收定支，收支挂钩，总额分成，一年一变"的财政管理体制。这和1959—1970年实施的"总额分成，一年一变"体制相比，主要区别有：

第一，扩大了地方财政收支范围和管理权限。地方财政收入占全国财政收入的比重由1965年的67%增长到1976年的87.3%；地方财政支出占全国财政支出的比重由1965年的37.8%增长到1976年的53.2%。

第二，保留了地方实行固定比例留成的既得利益。将固定比例留成改按固定数额拨给，向各省（区、市）核定了一定数额的机动财力。

第三，改变了过去超收部分都按总额分成比例分成的办法，规定了超收部分分成比例的上下限。地方总额分成比例低于30%的，超收部分按30%分成；地方总额分成超过70%和受中央补助的，超收部分按70%分成；其他地区超收部分仍按总额分成比例计算分成。

此次财政体制改革将收入与支出再次挂钩，使地方财政权责重新结合起来，但也仍然存在一些问题：总额分成比例一年一变，导致"年初争指标、年中争追加、年底争遗留"的现象，最终影响财政预算的确定与执行。此外，受"文化大革命"影响，财政状况十分困难，尽管国家采取了若干增收节支的经济举措，但在1976年当年仍然出现了29.6亿元的财政赤字，赤字率高达3.8%。

6.两年徘徊时期的财政体制（1977—1978 年）

1976 年 10 月，中央一举粉碎"四人帮"，从而结束了"文化大革命"，我国进入两年徘徊时期。为了加快国民经济恢复，调动地方政府积极性，中央开始探索对财政体制进行改革试点。

（1）江苏省"固定比例包干"改革试点

1977 年，中央决定在江苏省试行"固定比例包干"的财政体制，探索进行财政分权改革。其主要内容如下：

第一，根据江苏省过往财政收支，确定财政包干范围。参照近几年该省财政总支出占财政总收入的比重，协商确定上缴、留成比例，一定四年不变。当时商定，1977 年江苏省总收入上缴中央 58%，地方留成 42%。

第二，比例确定后，地方财政支出从地方留成收入中自行解决，多收多支，少收少支，自求平衡。中央对应当由地方安排的各项事业，不再归口安排支出，也不再向地方分配财政支出指标。

第三，除有特大自然灾害等重大变化，上缴、留成比例一般不作调整。在年度执行过程中，如企事业单位隶属关系发生改变，则在年度决算时通过上缴或补助办法另行结算。

第四，江苏省财政预算、决算仍需报中央审批。

由于缺乏经验，地方财政包干范围划分得不太适当，在执行过程中出现了扯皮现象。在 1978 年全国计划会议上，经有关方面商定，适当缩小了江苏省财政包干范围，将其上缴比例提高至 61%，留成比例下调至 39%。

（2）其他部分省份试行"增收分成，收支挂钩"

1978 年，考虑到"总额分成，一年一变"的办法既不利于调动地方增产增收积极性，也不利于地方规划的制定和执行，中央开始在十

个省份试行"增收分成,收支挂钩"。① 其主要内容如下:

第一,地方机动财力,由地方同比上年实际增收部分和增收分成比例加以计算。增收分成比例由中央与地方商定,一定三年不变。

第二,地方财政支出仍与地方财政收入挂钩,实行总额分成,一年一定。每年按支出核定收入留成比例;收不抵支的由中央定额补助。

第三,地方支出结余的,除国家另有规定外,都留归地方使用;地方短收的,需紧缩开支,自求平衡。

在 1977—1978 年这一时期,中央开始总结财政体制数次大的变革调整,并围绕财政体制改革进行了系列政策试点和探索实践,这为改革开放初期财政体制转型提供了模式借鉴和经验参考。

(二)改革开放初期的包干制财政体制(1979—1993 年)

1978 年 12 月,党的十一届三中全会在北京隆重召开,开启了改革开放新时期的序幕。中央恢复"解放思想,实事求是"的思想路线,将工作重心转移到社会主义现代化建设上来。1979 年 4 月,中央召开工作会议,分析讨论国民经济形势,会上通过了"调整、改革、整顿、提高"新八字方针,决定用三年时间对国民经济进行调整,改变国民经济比例失调的局面。

1. 以"收支挂钩,超收分成"为主的过渡性财政体制(1979 年)

1979 年,中央开始执行新八字方针,采取了一系列政策措施,包括减免一些税收、提高农业税起征点等。受此影响,1979 年的财政收入相较于上年难有大幅度的增长,如再实行"增收分成"办法,则地

---

① 这十个试点省份是:陕西、浙江、湖南、北京、甘肃、江西、福建、山东、吉林、黑龙江。

方难以获得机动财力。有鉴于此，中央对 21 个省份改行"收支挂钩、超收分成"的财政体制，对地方年度决算收入超过预算收入的，按一定比例提取分成。同年，中央对民族自治地区实行了特殊的财政体制改革尝试，这使得 1979 年同时实行的财政体制有四种之多，这为 1980 年以后的财政体制改革积累了一定的经验。

2. "划分收支、分级包干"的财政体制（1980—1984 年）

为进一步调动地方积极性、激发地方经济活力，1980 年 2 月，国务院发布《关于实行"划分收支、分级包干"财政管理体制的暂行规定》，使财政体制由"吃大锅饭"改为"分灶吃饭"。这一时期财政体制的主要内容（见表 2-1）如下：

第一，划分收支。采取分类分成办法，将财政收入分为固定收入、固定比例分成收入和调剂收入三大类。按照经济管理体制规定的隶属关系，明确划分中央与地方财政支出范围。

第二，分级包干。以 1979 年财政收支预算执行数为基础，经适当调整后计算确定地方财政收支包干基数。地方收入大于支出的，多余部分上缴中央，并确定上缴比例；地方支出大于收入的，使用调剂收入分成弥补，并确定分成比例；调剂收入弥补仍不足的，则由中央给予定额补助。

第三，五年不变。地方上缴比例、调剂收入分成比例和定额补助数由中央核定下达后，原则上五年不变。

表2-1 1980年"划分收支、分级包干"财政体制下中央地方收支划分

类别		基本内容
收入	固定收入	中央所属企业的收入、关税收入和中央其他收入，归属中央； 地方所属企业的收入、盐税、农牧业税、工商所得税、地方税和地方其他收入，归属地方

续表

类别		基本内容
收入	固定比例分成收入	上划给中央部门直接管理的企业收入，80%归中央，20%归地方
	调剂收入	工商税，具体分配比例根据地方实际情形而定
支出	中央财政支出	中央的基本建设投资，中央企业的流动资金、挖潜改造资金和新产品试制费，地质勘探费，国防战备费，对外援助支出，国家物资储备支出，以及中央级的文教卫生科学事业费，农林、水利、气象等事业费，工业、交通、商业部门的事业费和行政管理费等
	地方财政支出	地方的基本建设投资，地方企业的流动资金（包括中央代建项目的流动资金）、挖潜改造资金和新产品试制费，支援农村人民公社支出，农林、水利、气象等事业费，工业、交通、商业部门的事业费，城市维护费，人防经费，城镇人口下乡经费，文教卫生科学事业费，抚恤和社会救济费，行政管理费等

1980年开始施行的"划分收支、分级包干"财政管理体制，是中央与地方财政关系的一次重大改革。其主要特点有：一是财政收支从过去全国"同灶吃饭"改为"分灶吃饭"；二是预算管理由"条条为主"改为"块块为主"；三是包干比例和补助数额由一年一定改为一定五年不变；四是财权与财政事权实现统一。

3."划分税种、核定收支、分级包干"的财政体制（1985—1987年）

1983—1984年，国家对国营企业实行两步"利改税"，将国营企业上缴利润改为按国家规定的税种和税率交纳税金。随着"利改税"的全面实施，国家财政收入由利税并重转向以税为主，中央与地方分配关系发生了很大变化。

面对新形势，中央决定从1985年起，除广东、福建两省继续实行"财政大包干"办法外，其余各省改为实行"划分税种、核定收支、分级包干"的财政体制。该体制的主要内容有：

第一，中央和地方基本按税种划分财政收入，分为中央财政固定收入、地方财政固定收入以及中央和地方财政共享收入三类（见表2-2）。

第二，中央和地方财政支出仍按行政隶属关系划分。

第三，根据地方收支情况，分别实行上解、分成和补助。地方固定收入大于地方支出的，定额上解中央；地方固定收入小于地方支出的，将共享收入按比例分成给地方；地方固定收入和共享收入仍收不抵支的，由中央定额补助。比例和数额确定后，五年内不作调整。

第四，对民族自治区和视同民族地区待遇的省①，按中央核定的定额补助数额，在五年内，继续实行每年递增10%的办法。

在实际执行过程中，为了适应经济体制变革调整，实现财政体制的平稳过渡，中央决定在1985—1986年暂时实行"总额分成"的过渡办法，将地方固定收入和央地共享收入加在一起，同地方支出相挂钩，确定分成比例，实行总额分成。

表2-2　1985年"划分税种、核定收支、分级包干"财政体制下
中央和地方收入划分

中央财政固定收入	中央国营企业的所得税、调节税；铁道部和各银行总行、保险总公司的营业税；军工企业的收入等；中央包干企业的收入；粮、棉、油超购加价补贴；烧油特别税；关税和海关代征的产品税、增值税；专项调节税；海洋石油外资、合资企业的工商统一税、所得税和矿区使用费；国库券收入；国家能源交通重点建设基金；其他收入 石油部、电力部、石化总公司、有色金属总公司所属企业的产品税、营业税、增值税，以其70%作为中央财政固定收入

① 云南、贵州、青海三省享受民族地区待遇。

续表

地方财政固定收入	地方国营企业的所得税、调节税和承包费；集体企业所得税；农牧业税；车船使用牌照税；城市房地产税；屠宰税；牲畜交易税；集市交易税；契税；地方包干企业收入；地方经营的粮食、供销企业亏损；税款滞纳金、补税罚款收入；城市维护建设税和其他收入 尚待开征的土地使用税、房产税和车船使用税，将来也列为地方财政固定收入 石油部、电力部、石化总公司、有色金属总公司所属企业的产品税、营业税、增值税，以其30%作为地方财政固定收入
中央和地方财政共享收入	产品税、营业税、增值税（这三种税均不含石油部、电力部、石化总公司、有色金属总公司四个部门所属企业和铁道部以及各银行总行和保险总公司交纳的部分）；资源税；建筑税；盐税；个人所得税；国营企业奖金税；外资、合资企业的工商统一税、所得税（不含海洋石油企业交纳的部分）

1985年开始施行的"划分税种、核定收支、分级包干"财政体制，核心仍然是"分灶吃饭"下的财政大包干，但初步确立了按税种划分收入的分配原则，进一步明确了中央和地方的权责关系。

此外，在这一财政体制下，中央和地方财政收入本质上依然实行总额分成，且地方留成比例相对较低，导致经济发展较快地区组织收入的积极性有限，甚至有意少报收入基数。因此在1985—1987年期间，地方财政收入稳步增长，而中央财政收入却出现增长缓慢甚至"滑坡"的现象。

4. 不同形式的包干财政体制（1988—1993年）

为了调动地方政府增收的积极性，1988年中央决定在原有财政包干体制基础上，主要对十几个上解比例较高地区的包干办法进行改进，在全国分别实行六种不同形式的包干办法（详见表2-3）①，其主

---

① 1988年7月，国务院发布《关于地方实行财政包干办法的决定》，全国39个省、自治区、直辖市和计划单列市，除广州、西安两市财政关系仍分别与广东、陕西两省联系外，对其余37个地区分别实行不同形式的包干办法。

要形式如下：

第一，"收入递增包干"办法。根据地方1987年收支基数和近几年收入增长情况，确定收入递增率和留成、上解比例。在递增率以内的收入，按留成、上解比例实行央地分成；超过递增率的收入，则全部留给地方。

第二，"总额分成"办法。根据地方前两年财政收支情况核定收支基数，以地方支出占财政总收入比重，确定留成和上解比例。

第三，"总额分成加增长分成"办法。每年以上年实际收入为基数，基数部分按总额分成比例分成，增长部分则按增长分成比例分成。

第四，"上解额递增包干"办法。以1987年上解中央收入为基数，每年按一定比例递增上解。

第五，"定额上解"办法。按原来核定的收支基数，收大于支的部分，确定固定的上解数额。

第六，"定额补助"办法。按原来核定的收支基数，支大于收的部分，确定固定的补助数额。

表2-3 1988年财政体制情况

形式	地区及详情
收入递增包干	实行的地区、留成比例和收入递增率：北京市50%和4%；河北省70%和4.5%；辽宁省（不含沈阳市和大连市）58.25%和3.5%；沈阳市30.29%和4%；哈尔滨市45%和5%；江苏省41%和5%；浙江省（不含宁波市）61.47%和6.5%；宁波市27.93%和5.3%；河南省80%和5%；重庆市33.5%和4%
总额分成	实行的地区、留成比例：天津市46.5%；山西省87.55%；安徽省77.5%
总额分成加增长分成	实行的地区、留成比例、增长分成比例：大连市27.74%和27.26%；青岛市16%和34%；武汉市17%和25%

续表

形式	地区及详情
上解额递增包干	实行的地区、上解基数、递增比例：广东省 14.13 亿元和 9%；湖南省 8 亿元和 7%
定额上解	实行的地区、上解额：上海市 105 亿元；山东省（不含青岛市）2.89 亿元；黑龙江省（不含哈尔滨市）2.99 亿元
定额补助	实行的地区、补助额：吉林省 1.07 亿元；江西省 0.45 亿元；福建省 0.5 亿元（从 1989 年开始）；陕西省 1.2 亿元；甘肃省 1.25 亿元；海南省 1.38 亿元；内蒙古自治区 18.42 亿元；广西壮族自治区 6.08 亿元；贵州省 7.42 亿元；云南省 6.73 亿元；西藏自治区 8.98 亿元；青海省 6.56 亿元；宁夏回族自治区 5.33 亿元；新疆维吾尔自治区 15.29 亿元；湖北省（不含武汉市）按当年武汉市决算收入的 4.78% 给予补助；四川省（不含重庆市）按当年重庆市决算收入的 10.7% 给予补助

资料来源：李萍.中国政府间财政关系图解.北京：中国财政经济出版社，2006.

1988 年财政包干制的实行极大地释放了放权让利改革的激励效应，促进了国民经济的有序增长，调动了地方增收节支的积极性，但也出现了"两个比重"连续下降、中央宏观调控能力弱化等新的问题。[①]

二、1994 年以后的财政体制

1993 年中央经过广泛调查研究和多次征求意见，决定从 1994 年开始实行以分税制为核心的财税体制改革。这是改革开放以来，也是中华人民共和国成立以来涉及范围最大、调整力度最强、影响最为深远的一次财税改革，是财税体制改革进程中的一个分水岭。

---

① "两个比重"是指财政收入占 GDP 的比重和中央财政收入占全国财政收入的比重。

（一）分税制财政体制改革概述

1994 年分税制改革是中华人民共和国自成立以来财政管理体制的一次制度创新，为科学、规范、合理地处理中央与地方财政关系奠定了良好的制度基础，对中央和地方政府行为进而对中国经济产生了极其深远的影响。

1. 分税制改革的现实动因

作为中华人民共和国成立以来规模最大、调整力度最强、影响最为深远的一轮财税体制改革，1994 年分税制改革的实施有着极其深刻的现实动因——持续下降的"两个比重"和难以维系的财政包干制。

（1）持续下降的"两个比重"

自 20 世纪 80 年代中期以来，我国"两个比重"出现持续下降，分别从 1984 年的 22.9% 和 40.5% 下降到 1992 年的 13.1% 和 28.1%（见图 2-1），国家财政特别是中央财政陷入严重危机，业已到了濒临"破产"的边缘，中央政府处于前所未有的弱势地位。

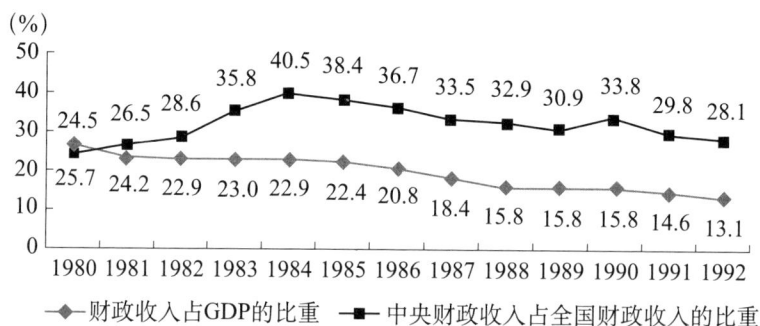

图 2-1　1980—1992 年间"两个比重"的变化

资料来源：国家统计局 . 中国统计年鉴 1993. 北京：中国统计出版社，1993.

全国财政尤其是中央财政如此严重的困难引起了中央的高度重视。1993 年 7 月 23 日，时任国务院副总理朱镕基在全国财政、税务工作会议上明确指出："在现行体制下，中央财政十分困难，现在不改革，中央财政的日子就过不下去了，到不了 2000 年就会垮台……一般来说，发达的市场经济国家，中央财政收入比重都在 60% 以上，而中央支出一般占 40%，地方占 60%。但是我们正好相反，收支矛盾十分突出。这种状况是与市场经济发展背道而驰的，必须调整过来。"① 一轮规模巨大、影响深远的财税体制改革即将发生。

（2）难以维系的财政包干制

始于 20 世纪 80 年代的财政包干制改革被广泛认为是导致"两个比重"持续下降以至于中央财政濒临"破产"的重要体制性根源。

财政包干制确定了地方政府"剩余占有者"的地位，使额外增加的财政收入归地方所有，对于充分调动地方的积极性起到了重要作用。但是，随着时间的推移，这种体制的弊端日渐凸显，成为政府间财政关系不稳定的根源。在这种体制下，中央财政在财政分配中处于明显的弱势地位，财政收入得不到充分保证，使得中央不得不调高地方收入上解比例。这引发了地方的不满以及对中央的不信任，因而地方往往采取各种变相的减免税"藏富于民"，以达到隐瞒真实财政收入、减少收入上解的目的②，而中央缺乏有效手段加以纠正。因此，财政包干制事实上"包死"了中央财政，使得中央没有任何办法获得增量收入，出现财政困境也就是一件十分自然的事情了。为了摆脱财政

---

① 赵忆宁.分税制决策背景回放.瞭望.2003（37）：20-21.

② 刘仲藜（2009）曾以北京和上海为例对这种情形进行了详细剖析。当时，北京市采取的是收入递增包干分成模式，即以 1987 年决算收入为基数，参照地方近几年收入增长情况，确定地方收入递增率，在收入递增率以内的收入按一定比例上解中央，超出部分全部留给地方。当时，中央与北京市约定的收入递增率为 4%。为了避免中央调高上解比例以及收入递增率，北京市在约定年限内（5 年）采取各种手段隐瞒财政收入达 98 亿元，使得财政收入增长率始终保持在 4% 左右。上海市当时实行的是定额上解加递增分成模式，确定的任务指标是每年财政收入达到 165 亿元，其中 100 亿元上解中央财政，在此基础上每增加 1 亿元，上解收入增加 0.5 亿元。在实行财政包干制的五年中，上海市的财政收入平均每年在 165 亿元左右，刚刚达到要求的下限，没有任何增长。事实上，这样的做法在各个地区非常普遍，但中央缺乏有效的手段加以纠正，只能眼睁睁看着地方上解收入持续下降。

困境，中央不得不频繁调高地方收入上解比例。这进一步加剧了地方的不满，导致中央财政收入进一步减少，从而陷入中央财政收入下降→财政体制变动→地方隐瞒收入→中央财政收入下降的恶性循环。[①]

当预算内收入无法满足正常的支出需要时，中央政府不得不利用收费筹措资金——1989年的国家预算调节基金正是在这一背景下推出的。与此同时，地方政府也采取各种摊派和收费的做法获取大量的预算外甚至体制外收入以增强可支配财力。这直接导致20世纪80年代至90年代末期我国各地乱收费、乱摊派、乱集资之风盛行，严重干扰了我国正常的财政分配秩序以及经济社会的健康有序发展。另外，财政包干制采取按行政隶属关系划分财源和财力的做法也助长了地方保护主义，妨碍了全国统一市场的形成，导致低水平重复建设和投资膨胀，对我国经济持续平稳运行造成了不利影响（周黎安，2004；郭庆旺、贾俊雪，2006；贾俊雪，2008；谢旭人，2008）。

由此可见，无论是中央还是地方，对于财政包干制都存在明显的不满：中央不满于收入持续下降，地方不满于体制频繁变动。而且，财政包干制对经济的负面影响也越来越突出，越来越不能适应社会改革和发展的需要。正是在这一现实背景下，1993年11月，党的十四届三中全会通过了《中共中央关于建立社会主义市场经济体制若干问题的决定》，正式提出分税制改革，标志着自1949年以来涉及范围最广、调整力度最大的财政体制改革正式拉开序幕。

2. 分税制的改革路径

1994年分税制改革的主要目的在于有效扭转"两个比重"持续下降的不利态势，确保中央财政在财政分配中占据主导地位，因而具

---

① 对于这种状况，财政部原部长项怀诚曾指出：一个市场经济国家的财税体制应该是稳定和规范的、符合市场经济原则的、公平及透明的分配体制，而我们国家当时频繁的、轮番变换的财税体制，造成地方对中央极大的不信任以及互相猜疑，因为不知道下一步你如何改？怎么改？更不知道未来的预期（马国川，2009）。

有显著的收入集权特征，不可避免地对地方利益产生了巨大冲击。因而，无论是改革方案的设计、落实还是改革的逐步深化，中央与地方的博弈都贯穿始终。

1994 年分税制改革涉及的内容非常庞杂，既包括财政事权和财权的划分以及税收返还制度建立等基本内容，还包括国有企业利润分配制度和税收管理体制等配套改革措施。其主要内容如下：

一是按照中央和地方财政事权划分，合理确定财政支出范围。在财政事权划分方面，中央财政主要承担了国家安全、外交、中央国家机关运转及直接管理的事业发展所需经费，以及经济结构调整和宏观调控所必需的支出等 14 个方面，地方财政主要承担本地区政权机关运转以及经济、事业发展所需支出等 13 个方面。

二是在财政事权划分的基础上，结合 1994 年税制改革划分税种。将维护国家权益、实施宏观调控所必需的税种如关税和消费税等 8 种收入划为中央税；将适合地方征管的税种如营业税、个人所得税和房产税等 18 种收入划为地方税，将与经济发展密切相关的主要税种如增值税等 3 种收入划为中央与地方共享税，其中增值税中央与地方分享比例为 75∶25，证券交易税为 50∶50，海洋石油资源税归中央，其他资源税归地方。

三是保护地方既有利益格局，建立存量格局不变的税收返还制度。在税收返还方面，主要建立了增值税和消费税"两税"返还制度，即按照 1993 年地方净上划中央收入（消费税 +75% 的增值税 −1993 年中央下划收入）作为中央对地方税收返还的基数，基数部分全部返还给地方；1994 年以后的税收返还数额按一定比例增长，即税收返还数额的递增率，按全国增值税和消费税的平均增长率的 1∶0.3 系数确定——上述两税全国平均增长 1%，中央财政对地方的税收返还增长 0.3%。

　　上述改革内容中的关键在于收入责任安排和税收返还方案，这是中央与地方利益的主要纠结点，而难点集中在增值税改革方面。增值税是 1994 年税制改革后最大的一个流转税种，占整个税收收入的比重达到 40% 左右。因此，它的改革可谓牵一发而动全身，是中央与地方利益博弈的焦点。在具体方案设计中，中央首先确定了增值税必须作为中央与地方共享税的基本原则，但在确定共享比例以及税收返还方案时还是颇费了一番周折。为了确保中央财力需要、同时避免取之过度，经过仔细测算和慎重考虑，决策者最终选择了 75∶25 的中央与地方分享比例。在税收返还方面，财政部借鉴了 1980 年"分级包干"和 1985 年"财政包干制"的做法，提出"基数加增长比例"的方案——基数全部返还给地方，增量按照固定比例予以返还。这一方案的核心在于基期、基数和增长比例的确定。财政部最初提出按照通货膨胀率来确定增长比例，但经过讨论，中央否定了这一想法，最终提出按全国增值税和消费税的平均增长率的 1∶0.3 确定增长比例。在基期和基数方面，当时的方案并没有做出明确规定，但倾向于以过去几年的情况作为参照。

　　从上述方案可以看出，中央事实上已经较充分地考虑到了地方利益。但方案提出后，还是遭到了多数地方的反对，其中以广东省的反对意见最为强烈。事实上，在改革之初，广东省就曾明确要求继续实行财政包干制。为此，中央多次派人赴广东省进行方案的说明和解释工作。最终，广东省同意实行分税制，但要求以 1993 年财政收入的决算数作为返还基数。由于当时还处在 1993 年 9 月，全年财政收入的决算数要到 1994 年上半年才能出来，地方很容易在之后的几个月内人为地将全年财政收入推高，以获取更多的基数返还。因此，财政部对此坚决反对。时任国务院副总理朱镕基力排众议，同意了这一要求，获得了广东省的支持，使得增值税改革方案得以最终确定（马国川，2009）。此外，中央最初设想，通过财力集中并以转移支付的方式给予落后省份财力支持，使分税制改革更加有利于落后省份。但贵州、云南、广西等西部省份对将消费税完全划为中央税的做法意见很大，认为这极大地损害了地方利益。为了照顾地方在消费税上的利益，中央最终决定比照增值税返还方案对地方进行消费税返还。两税返还方案的确定标志着中央与地方在最核心的利益上达成了一致，从而为分税制改革的顺利推进铺平了道路。这样，经过中央与地方的利益博弈，一个符合中国国情、中央与地方均能接受、并非完美但却充满智慧的分税制方案得以最终出台。

3. 分税制的后续改革

1994 年分税制改革是中华人民共和国成立以来在财税体制方面的一次巨大创新，涉及面之广、问题之复杂均是前所未有的。正因如此，很多问题特别是地方政府的一些行为反应在改革之初很难完全预料。而且，即便对于一些问题中央非常清楚，为了避免引发地方政府的强烈反应，中央也不得不采取迂回的做法。这使得 1994 年分税制改革的最初方案遗漏、遗留了很多重要问题未能加以解决。不过，中央始终密切关注着形势的发展，不断对改革方案加以完善，推动改革渐进深化。这些后续改革主要包括以下几个方面。

（1）"两税"返还方案的完善

1993 年下半年，中央决定以 1993 年作为基期年，按照当年地方实际财政收入核定税收返还数额。在此背景下，地方政府为了实现既得利益的最大化，在 1993 年下半年加大征收力度，甚至采取"先征后返""寅吃卯粮"等非常规手段以期将基数做大。这使得 1993 年下半年地方财政收入出现激增：9—12 月间税收收入同比增长了 60%、80%、90% 和 120%，全年增长了 39.9%，财政收入增收了 900 多亿元。由于在新增的 900 多亿元财政收入中，地方返还占据了很大的比重，如果中央严格执行既定方案，1994 年财政预算将会存在 300 多亿元的资金缺口。如何有效化解这 300 多亿元的资金缺口就成为 1994 年分税制改革带给中央的第一个难题。

财政部最初曾试图通过扣减地方基数的做法来解决这一问题，但遭到地方强烈反对，认为这种做法缺乏客观依据，破坏了制度安排的严肃性。经过广泛讨论和审慎考虑，中央最终认可了 1993 年的地方基数，但对"两税"返还方案进行了补充完善，设立了奖惩机制。具体而言，中央确定以 1993 年全国"两税"增长率的 1/3 即 16% 作为今后"两税"的增长任务，各地以本地区 1993 年"两税"增长率的 1/3 作为增长任务；对于不能完成"两税"增长任务的地方，中央要求以地方财政收入进行赔补，对于不能完成基数的地方进行基数扣减；对于完成"两税"增长任务的地方，中央按当年该地区"两税"增长率的 1∶0.3 进行基数返还，对于"两税"增长超过任务的地方，中央按照超额部分的 1∶0.6 给予地方一次性奖励；增长返还系数 1∶0.3 不再与全国"两税"平均增长率挂钩，而是与本地区上划"两税"增长率挂钩。对比最初的"两税"返还方案可以看出，新方案引入了奖惩机制，有助于激励和约束地方的征收行为，为此后的税收收入持续快速增长奠定了一个很好的制度基础。至此，中国经济步入财政收入和中央财政收入持续快速增长时代：1994—2002 年间，财政收入年均增长 17.5%，财政收入占 GDP 的比重由 1993 年的 12.6% 提高到 2002 年的 18.5%；2002 年，中央财政收入占全国财政收入的比重为 55%，比改革前的 1993 年提高了 33 个百分点。

（2）所得税收入分享改革

1994 年分税制改革时，为了减轻改革阻力，中央并没有进行大规模的所得税改革：个人所得税划为地方税，企业所得税仍按企业隶属关系划分中央和地方收入，即中央企业所得税作为中央财政收入，地方企业所得税作为地方财政收入。但随着我国经济体制改革尤其是企业改革的逐步深化，这种划分方法的弊端日渐突出：1）助长了地方政府对企业经营活动的干预以及企业对地方政府的行政依附，不利于现代企业制度的建立和健全，加剧了地区间的恶性竞争以及地方保护主义，对正常的经济秩序产生严重冲击。2）随着现代企业的发展，企业隶属关系变得越来越难以准确界定，为地方钻空子提供了很大空间，导致企业所得税缴库混乱，造成中央税收收入的大量流失。①3）进一步拉大了地区间财力差距，严重阻碍了生产要素的自由、高效流动，不利于区域经济的协调发展。

为了有效解决上述问题，中央决定从 2002 年 1 月 1 日起实施所得税收入分享改革，将按行政隶属关系划分企业所得税收入改为中央与地方按统一比例分享。所得税收入分享改革是自 1994 年以来最大的一次税权划分改革，具体内容包括：1）除铁路运输、国有银行等少数特殊行业或企业外，对其他企业所得税和个人所得税收入实行中央与地方按比例分享——2002 年中央与地方分享比例为 50∶50，自 2003 年起为 60∶40；2）中央保证各地区 2001 年地方实际的所得税收入基数，实施增量分成，计算公式为 2003 年所得税基数返还 = 2002 年地方实际所得税收入 ×60% - 2002 年中央实际所得税收入 ×40%；3）中央财政因所得税收入分享改革增加的收入，用于增加对地方主要是中西部地区的一般性转移支付；4）跨地区经营企业集中缴纳的所得税中地方分享部分按分公司（子公司）所在地的企业经营收入、职工人数和资产总额三个因素在相关地区间分配，权重分别为 0.35、0.35 和 0.3。

2002 年所得税收入分享改革总体取得了较好的成效。一方面，这

---

① 2000 年，财政部巡查了 239 个地市县级国税机关，查出中央企业所得税混入地方金库达 10 亿元（谢旭人，2008）。

次改革基本打破了企业的行政隶属关系以及对地方政府的行政依附，有助于深化企业改革，也有效遏制了地方政府对企业经营管理活动的干预，以及地方保护主义和重复建设之风盛行的现象，促进了全国统一市场的形成。另一方面，这次改革不仅有效遏制了所得税征管混乱的现象，也初步建立起我国一般性转移支付资金的稳定增长机制——2005 年中央对地方一般性转移支付达到 1 121 亿元，较 2001 年增加了近 1 000 亿元，这对于有效缓解中西部地区财政困难、促进地区间协调发展起到了重要作用（李萍，2010；谢旭人，2008）。

（3）政府间转移支付制度的建立健全

1994 年分税制改革采取了财权大幅集中的做法，使得地方出现了较严重的纵向财政失衡。同时，受资源禀赋等因素的影响，我国地区间经济发展极不均衡，地方政府间存在较为严重的横向财政失衡。为了更好地均衡地区间财力差距，在保留改革前结算补助等转移支付项目的同时，自 1994 年以来，中央政府逐步建立与完善了我国政府间转移支付制度。除了税收返还以外，我国政府间转移支付主要包括两类：一类是一般性转移支付（原财力性转移支付），旨在缓解地方财力紧张、促进地方基本公共服务均等化，包括均衡性转移支付（原一般性转移支付）、民族地区转移支付、县乡基本财力保障机制奖补资金、调整工资转移支付、农村税费改革转移支付、义务教育转移支付以及定额补助（原体制补助）等；另一类是专项转移支付，旨在实现中央特定政策目标，包括一般预算专项拨款、国债补助等，重点用于教育、医疗卫生、社会保障和支农等领域。

自 1994 年特别是 2002 年以来，随着中央财力的不断增强，中央不断加大对地方的转移支付力度，转移支付总额从 1994 年的 2 389 亿元增长到 2008 年的 22 991 亿元，年均增长率达到 17.55%。其中，一般性转移支付和专项转移支付由改革初期的 30% 左右大幅增加到

2008 年的 80% 左右。由此可见，自 1994 年以来，我国中央财政转移支付得到了长足发展，转移支付资金已初具规模，结构也在不断优化。同时，我国政府间转移支付的资金分配方法也在逐步完善，特别是均衡性转移支付（原一般性转移支付），在 1995 年建立之初，就参考各地标准财政收入和标准财政支出的差额及可用于转移支付的资金数量等客观因素，按统一公式计算确定各地转移支付数额。其中，标准收入是指各地的财政收入能力，主要按税基和税率分税种测算；标准支出是指各地的财政支出需求，主要按地方政府规模、平均支出水平和相关成本差异系数等因素测算。在测算支出成本差异系数时，主要考虑各地地理环境、人口规模与结构等客观因素。对财政越困难的地区，中央财政补助越高。2002 年和 2008 年，中央对均衡性转移支付的分配公式又进行了两次完善，使之日趋合理。

（二）自新时代以来分税制财政体制的持续性完善

自党的十八大以来，中国特色社会主义进入新时代。为了适应新的发展要求，中央决定深化财税体制改革，重点围绕完善税收制度和调整中央与地方政府间财政关系等方面推进，对分税制财政体制做了进一步补充完善。

1. 完善税收制度改革

2014 年，时任财政部部长的楼继伟在全国财政厅（局）长座谈会上指出，要推进增值税改革，完善消费税制度，加快资源税改革，建立环境保护税制度，加快房地产税立法并适时推进改革，逐步建立综合与分类相结合的个人所得税制度，全面修订税收征管法。自新时代以来，我国深入推动以"营改增"试点改革为代表的税种改革和以"国税地税合并"为代表的税收征管体制改革，取得了积极成效。

为适应 1994 年分税制改革时的经济体制和税收征管能力，我国在推行增值税的同时，继续在部分行业保留征收营业税，形成了"增营并征"的税收征管局面。但随着市场经济的建立和发展，这一征管局面不利于经济结构优化，造成税收征管困境。有鉴于此，中央决定从 2012 年开始实行"营改增"试点工作，到 2016 年"营改增"改革全面推开，营业税和增值税最终合并为一个税种。"营改增"从制度上解决了货物和服务税制不统一和重复征税问题，体现了税制公平原则，进一步完善了我国的税收制度并深刻影响了地方政府收入的主要来源。

自 1994 年实行分税制改革后，原有税务机构分设为国家税务局和地方税务局两大系统。随着我国财税体制改革的逐步深化，国税与地税机构分设分管的局面已难以适应新形势的需要，深化税收征管体制改革势在必行。2015 年 12 月，中共中央办公厅、国务院办公厅联合下发了《深化国税、地税征管体制改革方案》，提出了国税地税合作不合并的深化改革思路。2018 年 7 月，中共中央办公厅、国务院办公厅出台《国税地税征管体制改革方案》，明确国税地税进行合并，延续了 24 年的国税地税征管体制至此画上句号。这一税收征管体制变革有助于构建优化高效统一的税收征管体系，夯实国家治理的财力基础，推进税收征管体制和征管能力现代化。

2. 中央与地方财政事权和支出责任划分改革

受历史因素和客观条件制约，1994 年实施的分税制改革主要是针对中央和地方收入划分，但并未真正触动政府间财政事权和支出责任的划分。中央与地方在财政事权划分上的不明确、不细致，导致政府职能定位不清、责任划分不尽合理、职责交叉重叠等问题丛生，改革已迫在眉睫。2016 年，国务院印发《国务院关于推进中央与地方财政事权和支出责任划分改革的指导意见》（以下简称《指导意见》），提出要形成中央领导、合理授权、依法规范、运转高效的财政事权和支出责任划分模式。其主要内容有：

第一，按照基本公共服务受益原则，划分中央与地方财政事权。《指导意见》明确要求适度加强中央的财政事权，保障地方履行财政事权，规范中央与地方共同财政事权，并建立财政事权划分动态调整机制。

第二，按照财政事权与支出责任对应原则，划分中央与地方支出责任。中央的财政事权由中央承担支出责任，地方的财政事权由地方承担支出责任，中央与地方共同的财政事权区分情况划分支出责任。

第三，加快省以下财政事权和支出责任划分。将部分适宜由更高一级政府承担的基本公共服务职能上移，明确省级政府在保持区域内经济社会稳定、促进经济协调发展、推进区域内基本公共服务均等化等方面的职责。同时将适宜由基层政府发挥信息、管理优势的基本公共服务职能下移，强化基层政府贯彻执行国家政策和上级政府政策的责任。

《指导意见》的出台将推进中央与地方财政事权和支出责任划分改革列为今后一段时间内财税体制改革的重点任务，并将其提升至"推进国家治理体系和治理能力现代化的客观需要"的历史新高度，为建立科学规范政府间财政关系，发挥中央和地方两个积极性提供了重要助力和有效抓手。

三、中国分税制财政体制改革评价

1994 年实施的分税制改革及其调整完善是一次具有里程碑意义的财政体制改革，为建立现代财政制度奠定了基础。与带有行政指令与讨价还价等不稳定特征的财政包干制相比，分税制财政体制在财政调节理念与运行方式上均发生了巨大转变，基本具备了市场经济体制要求的规范性、稳定性的特征，开创了新中国财政发展史上的新纪元，对中国经济产生了极其深远的影响（谢旭人，2008）。本节旨在对分税制改革的主要成效和问题进行简要评价。

（一）分税制财政体制改革的主要成效

1994年分税制改革改变了财政包干制形成的中央与地方的财政分配格局，摈弃了财政包干制"一对一"谈判处理中央与地方财政关系的模式，通过财权与事权的统一划分，从制度层面上规范了中央与地方的关系，建立起长期、稳定的激励和约束机制，对于规范地方政府行为进而对于经济发展产生了积极作用。

第一，调动了地方征税积极性。中央通过赋予地方独立的税种和相应的征管权限，制定奖惩机制清晰的税收返还制度，对地方政府形成了巨大的财政激励，充分调动起地方的征税积极性，促使地方政府改变以往的低税率竞争策略。这不仅有效扭转了地区间过度竞争的不利局面，推动了地方政府投资率的上升（刘勇政等，2019），对地区经济增长产生了积极的促进作用（贾俊雪、郭庆旺，2008；郭庆旺、贾俊雪，2009），同时也促进国家财政收入持续快速增长，为中国经济长期可持续发展提供了良好的财力保障。特别是，1994年分税制改革按照中央财政主导地位原则，将维护国家权益、实施宏观调控所必需的大宗、稳定、税源充沛的税种划为中央税或中央与地方共享税，确定了中央财政在整个财政收入分配中的主导地位，有效增强了中央政府进行宏观调控和确保财政可持续性的能力（贾俊雪，2012）。[1]

---

[1] 这些举措有效地扭转了"两个比重"的持续下降，促进了国家财政收入和中央财政收入持续高速增长：2008年，我国财政收入达到61 330.4亿元，其中中央财政收入为32 680.6亿元，财政收入占GDP的比重和中央财政收入占整个财政收入的比重分别为19.5%和53.3%，较1993年的12.3%和22%分别增加了7.2和31.3个百分点。

第二，减少了地区间恶性竞争。1994 年分税制改革实行按税种划分中央与地方收入，特别是 2002 年所得税收入分享改革改变了按企业隶属关系划分中央和地方所得税收入的做法，很大程度上改变了地方政府与地方企业之间的利益链条格局，削弱了地方政府使用恶性竞争手段扶持本土企业进而获取财政利益的动机。这很好地遏制和纠正了财政承包制带来的地区间恶性竞争、低水平重复建设等现象，促进了全国统一市场的形成以及经济的健康有序发展。

第三，加强了中央宏观调控能力。政府间转移支付制度的逐步完善，特别是具有均等化作用的均衡性转移支付规模的持续大幅增加以及分配方法的日渐完善，有助于充分发挥政府间转移支付政策的利益导向作用，有效缓解落后地区的财政困难，激励地方政府进行职能转变，促进地方基本公共服务的均衡发展。此外，财政级次的减少以及"撤乡并镇"等地方政府治理结构的改革措施也有利于提高财政资金的使用效率，在一定程度上缓解地方政府的财政负担（贾俊雪、郭庆旺、宁静，2011），更好地发挥分权化改革带来的积极影响。

（二）分税制财政体制改革的负面影响

1994 年分税制改革采取了财权上移、事权下放的做法，导致地方政府特别是基层地方政府的财权与事权不匹配，从而对地方政府行为和区域经济发展也产生了显著的负面影响。

第一，由于缺乏稳定的财力保障，地方政府开始更多地谋求一些预算外甚至体制外的收入，其中的典型代表是所谓的"土地财政"，一些发达省份的土地转让金甚至与地方预算内收入持平，导致我国房价持续快速攀升，不仅对我国经济的健康平稳运行造成了显著的负面冲击，也带来了一系列严重的社会问题。

第二，1994 年分税制改革形成了财权层层上移、事权层层下放的分权格局，使得我国尤其是中西部地区的基层地方政府财政收支日渐失衡。这不仅严重威胁到我国政权和社会的稳定，也导致我国特别是中西部地区的基础教育、医疗卫生等基本公共服务水平低下，尽管这些年中央通过一系列举措在县乡财政解困方面取得一些明显成效，但这一问题依旧较为突出。

第三，1994 年分税制改革以来，中央逐渐形成了借助转移支付解决财政分权不当政策弊端的路径依赖。一方面，由于中央整体规划的缺失，转移支付呈现出碎片化和短期化的特点，尚未形成长期、稳定的激励和约束机制。另一方面，这也导致地方政府对转移支付的依赖性日益增强，不利于地方政府行为的理性化，带来了各种道德风险问题（Jia et al.，2014），削弱了转移支付政策的有效性，造成财政资源的巨大浪费。

第四，我国垂直的行政管理架构和过分强调 GDP 的政治晋升机制进一步放大了 1994 年分税制改革带来的不利影响，而中央的治理措施并没有充分考虑到我国地方政府治理结构的制约，因而很多改革和措施往往事倍功半，未能取得良好效果（贾俊雪、郭庆旺、宁静，2011）。

第三章

建立财政事权与支出责任相适应的
财政体制

　　财政事权与支出责任划分是现代财政体制的核心构成要素，也是理顺政府间财政关系的前提条件。自改革开放以来，我国政府间财政事权和支出责任划分逐渐明确，特别是具有里程碑意义的 1994 年分税制改革初步构建起了中国特色社会主义制度下中央与地方政府间财政事权和支出责任划分的基本框架。但随着经济社会的发展和公共需要的不断变化，财政事权与支出责任划分体系暴露出诸多现实问题，推动政府间财政事权与支出责任划分改革刻不容缓。本章首先阐述政府间财政事权与支出责任划分应遵循的基本原则；然后简要回顾政府间财政事权与支出责任划分的改革历程并剖析现状；最后梳理政府间财政事权与支出责任划分遗留下来的历史难题，并提出新时代财政事权与支出责任划分体系的建设方向。

一、政府间财政事权与支出责任划分的基本原则

　　根据《国务院关于推进中央与地方财政事权和支出责任划分改革的指导意见》（国发〔2016〕49 号），"财政事权是一级政府应承担的

运用财政资金提供基本公共服务的任务和职责，支出责任是政府履行财政事权的支出义务和保障。"从理论上看，政府间财政事权与支出责任的划分应遵循以下基本原则：

（一）信息优势原则

根据传统财政分权理论，政府在提供公共品时需要充分考虑居民偏好、提供成本、监管难度等因素，而这些信息往往存在明显的地区差异。相较于中央政府，地方政府具有获取地方信息的天然优势。一方面，地方政府更接近当地居民的生活，能够以更低的成本获取更真实的信息；另一方面，地方政府辖区范围更小，处理加工信息的难度更低。此外，信息在向上传递过程中容易受到各种因素干扰而失真。因此，具有较强信息复杂性的公共品更适合由地方政府提供。比如基础教育、公安、城乡社区事务、本地基础设施建设等公共品具有鲜明的地区异质性和复杂信息依赖性，只有当地方政府负责提供时，才能以更高的效率提供更贴近当地居民需要的公共品。

（二）外部性原则

由于不同公共品的受益范围存在差异，公共品的有效提供会受到地理和空间因素的影响。一般而言，公共品具有正外部性。地方政府提供的公共品的获益者并非只局限于辖区内部的居民，一些地方公共品收益也作用于辖区内的非居民，地方公共品本身也可能溢出辖区的地理边界从而使其他辖区的居民获益（比如空气污染的减少、河流水质的改善都会使相邻地区的居民受益）。如果公共品的外部性辐射范围跨越较大的地理区域，那么由地方政府提供公共品将导致公共品数量低于社会最优水平，产生效率损失和市场失灵。

地方政府提供公共品带来的外部性问题可以通过特殊的财政事权

和支出责任安排得到解决。首先，可以由足够涵盖外部性辐射范围的更高层级的政府来提供公共品，以使成本分担的地理边界和受益边界一致，从而内部化外部性。其次，上级政府可以通过专项补助、转移支付等形式对地方政府的溢出损失进行补偿来激励地方政府提供达到社会最优水平的公共品。最后，地方政府还可以通过与相邻地区进行谈判达成双方均可接受的成本分担及受益分享协议来避免免费乘车者（free-rider）的出现，但由于谈判代价高昂以及缺少合作动力，这种方式在现实中往往很难实现，除非由更高层级的政府出面进行协调。

（三）规模经济原则

公共品的提供成本一直是政府考虑的重要因素，很多公共品的生产具有明显的规模经济属性，因而只有达到最佳的供应规模才能实现单位成本上的节约。不同公共品具有不同的规模经济效应，由此决定了公共品提供的层次性，即由相应层级的政府来提供不同规模的公共品才是最有效率的。比如外交、国防这样的公共品，受益人数量的增减并不会影响其他人的收益，也不会引起其提供成本的变化，具有明显的全国性规模经济优势，因此由中央政府提供更为合适。对于跨区域交通基础设施及重大水利枢纽工程这样具有显著跨区域规模经济效应的公共品而言，由地方政府来提供是低效的，而由中央政府或省级政府融资兴建会大大节约融资成本和管理成本。对于电力、供水这样的公用事业服务，其作为居民日常生活的刚性需求，具有较小的需求偏好差异，因此容易在一定地理区域范围（如城市）内形成显著的规模经济效应，由相应层级政府来提供会更有效率。对于公安、消防等几乎不具有规模经济特征的公共品，由地方政府负责提供即可。事实上，公共品的外部性和规模经济效应是密不可分的，对于大多数存在跨区域正外部性的公共品来说，无论集权提供是否节约了提供成本，从收益的角度也是实现了规模经济的。

（四）公平与社会稳定原则

政府间财政事权与支出责任划分应在维护公平与社会稳定的前提下进行。收入再分配是政府的重要职能之一，也是促进社会和谐稳定、实现共同富裕的重要途径。相较于地方政府，中央政府在这方面处于更有利的地位。一方面，由于管辖范围有限和激励缺失，地方政府难以自主进行地区间的收入再分配。另一方面，地方政府实施地区内收入再分配计划容易陷入富人迁出、穷人迁入的局面，最终导致地区贫困加剧，收入再分配计划失效。因此，像社会救济、失业补助等与收入分配有关的公共品更适合由中央政府来提供。

结合以上原则，不同公共品的性质决定了由哪一层级政府提供更为合适。信息复杂、跨区域外部性小、规模经济不显著且与收入分配无关的公共品更适合分权提供，比如基础教育、医疗资源、城乡社区事务、区域内基础设施等；而信息简单、跨区域外部性大、规模经济显著以及与收入分配有关的公共品则更适合集权提供，比如高等教育、科技、环境保护、跨地区基础设施、外交、国防、社会保障与就业等。

总的来说，从效率的角度出发，分权提供和集权提供都有各自的优势，需要视具体公共品的性质来决定财政事权和支出责任的划分。具有明显信息优势的地方政府往往能以更低的成本提供更符合当地居民偏好的公共品，信息复杂度越高，地区异质性越大，分权的优势越明显。然而，公共品的外溢性和规模经济又暗示着适当集权的合理性。只有充分考虑各层级政府在提供每一种公共品时的比较优势，才能做出最有利于社会福利最大化的财政事权和支出责任安排。从公平的角度出发，理论上所有涉及收入分配的公共品都应由中央政府提供，然而现实中往往需要在公平与效率之间进行权衡。由于各地区信息不对称、监管难度大等，中央政府直接提供公共品可能存在一定的效率损失。针对事关收入再分配的公共品，中央政府可以为了减少效率损失做出适当的让步，但至少应坚守维护公平与社会稳定的底线，比如可以由中央政府制定统一的标准并由中央政府融资后再由地方供给，以防止收入再分配计划失效。

需要指出的是，考虑到财政事权和支出责任不同的内涵，在基于以上原则对基本公共服务的提供进行划分的同时，还需要分别对财政事权和支出责任的承担主体进行分解。对于某种特定的公共品，其供给职责通常可以分解为决策责任、支出责任、执行责任以及监督责任。以上我们讨论的针对某项公共品的提供应由某级政府负责，其确切含义是"决策责任"的划分，即财政事权的划分，这意味着该公共品的质量标准、服务类型、供给方案等决策全部由该级政府做出，并由该级政府对决策后果负全部责任。然而，这并不意味着提供该公共品的支出责任、执行责任及监管责任全部都由该级政府自身承担，各级政府可以将部分责任移交、委托给下级政府或私人部门承担，现实中往往存在着诸多摩擦导致出现财政事权与支出责任偏离的情况。

二、政府间财政事权与支出责任划分的现状与基本事实

我国政府垂直结构的一个重要特征是各级政府之间存在着很强的等级联系。一般认为，我国有中央、省、地（市）、县、乡五级政府。相应地，最多有五级财政。"下管一级"的政治管理制度决定了政府间财政关系通常是在本级政府与其直接上级政府之间定义和执行的。由于管辖范围和行政权力的不同，不同级政府拥有不同的职责范围，也产生了不同的支出责任。在本节中我们主要考察政府间财政事权与支出责任划分中最重要的一个环节——中央和地方政府间的财政事权与支出责任划分。

公共服务的财政事权可以按照权责归属分为中央财政事权、地方财政事权以及中央和地方共同财政事权。在中国独特的政治体制下，完全属于中央或地方的财政事权很少，大多数公共品需要由中央政府和地方政府共同提供。首先，考虑到一些公共品由中央和地方政府提供都有各自的比较优势，权衡的结果往往是由中央和地方政府共同承担。其次，在我国，地方政府在某种程度上扮演着中央政府代理人的角色，因此会代替中央政府在当地完成来自中央的委托任务。此外，尽管在具体项目的财政事权与支出责任划分问题上，《中华人民共和国预算法》（简称《预算法》）赋予了地方政府广泛的支出责任和自主权，但《中华人民共和国宪法》（简称《宪法》）又明确了中央政府可以干预任何级别地方政府的职能，这就导致原本属于地方财政事权范围内公共品的提供也可能在中央政府的干预下转变为中央财政事权或中央和地方共同财政事权。由此可见，在中国独特的政治体制下，中央和地方间的财政事权与支出责任划分问题尤为复杂。

（一）政府间财政事权与支出责任划分的改革历程

如前一章所述，自改革开放以来，我国财政体制经历了两次重大改革：一是 20 世纪 80 年代中期的财政包干制改革；二是 1994 年的分税制财政体制改革。前者旨在理顺"政企关系"，通过一系列放权让利的改革措施逐渐确立地方政府"剩余占有者"的地位，使地方政府由原来被动接受财政收支安排逐渐变为主动参与经济管理活动，在不断加强地方财力的同时，也促进了地方公共服务水平的提升。后者旨在解决"政府间关系"，以制度化的形式明确了中央和地方政府在财政收入上的划分，重新强调中央政府在财政收入分配中的重要地位，具有鲜明的收入集权特点。

然而，这两次改革都集中在财政收入方面发力，并没有对中央和地方政府的财政事权与支出责任做出清晰明确的划分，造成了各级政府职能定位与财力保障的错位，不利于一个兼顾公平与效率的稳定财政体系的形成。1994 年的分税制改革重申了改革前的财政事权和支出责任划分（见表 3-1），并只确定了中央和地方政府之间财政事权和支出责任划分的基本准则。随着人民物质文化需求的不断提升，在深入贯彻落实科学发展观、构建和谐社会的进程中，各级政府财权与财政事权不匹配的问题愈演愈烈，破解这一矛盾已成为构建新时代现代财政体制的核心要务。

表3-1　1994年分税制改革规定的财政事权和支出责任划分情况表

政府级别	承担事项	具体内容
中央政府	承担国家安全、外交和中央国家机关运转所需经费，调整国民经济结构、协调地区发展、实施宏观调控所必需的支出以及由中央直接管理的事业发展支出	国防费，武警经费，外交和援外支出，中央级行政管理费，中央统管的基本建设投资，中央直属企业的技术改造和新产品试制费，地质勘探费，由中央财政安排的支农支出，由中央负担的国内外债务的还本付息支出，以及中央本级负担的公检法支出和文化、教育、卫生、科学等各项事业费支出
地方政府	承担本地区政权机关运转所需支出以及本地区经济、事业发展所需支出	地方行政管理费，公检法支出，部分武警经费，民兵事业费，地方统筹的基本建设投资，地方企业的技术改造和新产品试制经费，支农支出，城市维护和建设经费，地方文化、教育、卫生等各项事业费，价格补贴支出以及其他支出

资料来源：《国务院关于实行分税制财政管理体制的决定》（国发〔1993〕85 号）。

自党的十八大以来，财税体制改革进程加快，亟待厘清的财政事权与支出责任划分问题成为改革的重中之重。2013 年，党的十八届三中全会通过《中共中央关于全面深化改革若干重大问题的决定》，明确提出要建立事权和支出责任相适应的制度，并对中央与地方事权与支出责任的划分做出了原则性的要求和纲领性的指导。[①] 2016 年出台的《国务院关于推进中央与地方财政事权和支出责任划分改革的指导意见》首次制定了中央与地方间财政事权与支出责任划分的具体实施方案，从划分原则、权责归属、保障措施、职责分工、进程安排等方面对财政事权与支出责任划分工作做出了详细部署。按照《指导意见》规划的时间线，2016 年要率先启动国防、国家安全、外交、公共安全等领域的财政事权与支出责任划分改革；2017—2018 年争取在教育、医疗卫生、环境保护、交通运输等领域取得突破性进展；2019—2020 年基本完成主要领域改革，形成中央与地方政府间财政事权和支出责任划分的基础框架。虽然现实改革进度明显滞后于规划安排，但随着各个领域实施细则的逐步落地，央地财政事权与支出责任划分的改革进程正在稳步推进中。2018 年国务院办公厅印发《基本公共服务领域中央与地方共同财政事权和支出责任划分改革方案》，拉开了中央与地方共同财政事权改革的序幕，对中央政府和地方政府关于义务教育、学生资助、基本就业服务、基本养老保险、基本医疗保障、基本卫生计生、基本生活救助、基本住房保障等八大类 18 项公共服务的财政事权范围和支出责任分担比例做出了清晰的界定（见表 3-2），为推进基本公共服务标准化、均等化进程奠定了权责清晰的制度基础。随后，国务院相继颁布了针对医疗卫生、科技、教育、交通运输、生态环境、公共文化、自然资源、应急救援等八个重点领域的央地财政事权和支出责任划分改革方案，规范了每个领域具体公共服务

---

① 《中共中央关于全面深化改革若干重大问题的决定》提出要建立事权和支出责任相适应的制度。适度加强中央事权和支出责任，国防、外交、国家安全、关系全国统一市场规则和管理等作为中央事权；部分社会保障、跨区域重大项目建设维护等作为中央和地方共同事权，逐步理顺事权关系；区域性公共服务作为地方事权。中央和地方按照事权划分相应承担和分担支出责任。中央可通过安排转移支付将部分事权支出责任委托地方承担。对于跨区域且对其他地区影响较大的公共服务，中央通过转移支付承担一部分地方事权支出责任。

项目的财政事权划分和支出责任分担方式，致力于提高财政资金使用效率，切实保障重点领域公共服务的有效提供。

表3-2　基本公共服务领域中央与地方共同财政事权清单及基础标准、支出责任划分情况表

共同财政事权事项		基础标准	支出责任及分担方式
义务教育	1.公用经费保障	中央统一制定基准定额。在此基础上，继续按规定提高寄宿制学校等公用经费水平，并单独核定义务教育阶段特殊教育学校和随班就读残疾学生公用经费等	中央与地方按比例分担。第一档为8∶2，第二档为6∶4，其他为5∶5①
	2.免费提供教科书	中央制定免费提供国家规定课程教科书和免费为小学一年级新生提供正版学生字典补助标准，地方制定免费提供地方课程教科书补助标准	免费提供国家规定课程教科书和免费为小学一年级新生提供正版学生字典所需经费，由中央财政承担；免费提供地方课程教科书所需经费，由地方财政承担
	3.家庭经济困难学生生活补助	中央制定家庭经济困难寄宿生和人口较少民族寄宿生生活补助国家基础标准。中央按国家基础标准的一定比例核定家庭经济困难非寄宿生生活补助标准，各地可以结合实际分档确定非寄宿生具体生活补助标准	中央与地方按比例分担，各地区均为5∶5，对人口较少民族寄宿生增加安排生活补助所需经费，由中央财政承担

---

① 第一档包括内蒙古、广西、重庆、四川、贵州、云南、西藏、陕西、甘肃、青海、宁夏、新疆12个省（区、市）；第二档包括河北、山西、吉林、黑龙江、安徽、江西、河南、湖北、湖南、海南10个省；第三档包括辽宁、福建、山东3个省（不含计划单列市）；第四档包括天津、江苏、浙江、广东4个省（市）及大连、宁波、厦门、青岛、深圳5个计划单列市；第五档包括北京、上海2个直辖市。

续表

共同财政事权事项		基础标准	支出责任及分担方式
义务教育	4. 贫困地区学生营养膳食补助	中央统一制定膳食补助国家基础标准	国家试点所需经费，由中央财政承担；地方试点所需经费，由地方财政统筹安排，中央财政给予生均定额奖补
学生资助	5. 中等职业教育国家助学金	中央制定资助标准	中央与地方分档按比例分担。第一档分担比例统一为8∶2；第二档，生源地为第一档地区的，分担比例为8∶2，生源地为其他地区的，分担比例为6∶4；第三档、第四档、第五档，生源地为第一档地区的，分担比例为8∶2，生源地为第二档地区的，分担比例为6∶4，生源地为其他地区的，与就读地区分担比例一致，分别为5∶5、3∶7、1∶9
	6. 中等职业教育免学费补助	中央制定测算补助标准，地方可以结合实际确定具体补助标准	中央统一实施的免学费补助所需经费，由中央与地方分档按比例分担。第一档分担比例统一为8∶2；第二档，生源地为第一档地区的，分担比例为8∶2，生源地为其他地区的，分担比例为6∶4；第三档、第四档、第五档，生源地为第一档地区的，分担比例为8∶2，生源地为第二档地区的，分担比例为6∶4，生源地为其他地区的，与就读地区分担比例一致，分别为5∶5、3∶7、1∶9

续表

共同财政事权事项		基础标准	支出责任及分担方式
学生资助	7.普通高中教育国家助学金	中央制定平均资助标准，地方可以按规定结合实际确定分档资助标准	所需经费由中央与地方分档按比例分担。第一档为8∶2，第二档为6∶4，第三档为5∶5，第四档为3∶7，第五档为1∶9
	8.普通高中教育免学杂费补助	中央逐省核定补助标准，地方可以结合实际确定具体补助标准	中央统一实施的免学杂费补助所需经费，由中央与地方分档按比例分担。第一档为8∶2，第二档为6∶4，第三档为5∶5，第四档为3∶7，第五档为1∶9
基本就业服务	9.基本公共就业服务	由地方结合实际制定标准	主要依据地方财力状况、保障对象数量等因素确定
基本养老保险	10.城乡居民基本养老保险补助	由中央制定基础标准	中央确定的基础养老金标准部分，中央与地方按比例分担。中央对第一档和第二档承担全部支出责任，其他为5∶5
基本医疗保障	11.城乡居民基本医疗保险补助	由中央制定指导性补助标准，地方结合实际确定具体补助标准	中央与地方分档按比例分担。第一档为8∶2，第二档为6∶4，第三档为5∶5，第四档为3∶7，第五档为1∶9
	12.医疗救助	由地方结合实际制定标准	主要依据地方财力状况、保障对象数量等因素确定
基本卫生计生	13.基本公共卫生服务	由中央制定基础标准	中央与地方分档按比例分担。第一档为8∶2，第二档为6∶4，第三档为5∶5，第四档为3∶7，第五档为1∶9
	14.计划生育扶助保障	由中央制定基础标准	中央与地方分档按比例分担。第一档为8∶2，第二档为6∶4，第三档为5∶5，第四档为3∶7，第五档为1∶9

续表

共同财政事权事项		基础标准	支出责任及分担方式
基本生活救助	15.困难群众救助	由地方结合实际制定标准	主要依据地方财政困难程度、保障对象数量等因素确定
	16.受灾人员救助	中央制定补助标准，地方可以结合实际确定具体救助标准	对遭受重特大自然灾害的省份，中央财政按规定的补助标准给予适当补助，灾害救助所需其余资金由地方财政承担
	17.残疾人服务	由地方结合实际制定标准	主要依据地方财力状况、保障对象数量等因素确定
基本住房保障	18.城乡保障性安居工程（包括城镇保障性安居工程和农村危房改造等）	由地方结合实际制定标准	主要依据地方财力状况度、年度任务量等因素确定

资料来源：《国务院办公厅关于印发基本公共服务领域中央与地方共同财政事权和支出责任划分改革方案的通知》（国办发〔2018〕6号）。

（二）政府间财政事权与支出责任划分的总体情况

全国一般预算总支出中中央和地方财政的占比反映了中央和地方政府间财政事权与支出责任划分的总体情况。从图3-1来看，1994年分税制改革后，我国中央财政支出占全国财政支出的比重整体上呈明显的下降趋势，地方财政支出占比不断上升，中央和地方财政的占比差距逐渐扩大并在近年来趋于稳定。值得注意的是，中央财政支出占比在1998—2000年间经历了短暂的上升，这主要是短期宏观政策调控所致。中央政府通过增发国债等扩张性的财政政策，应对亚洲金融危机冲击和经济下行压力，这导致了中央财政支出规模的扩大。自2000年后，地方财政支出占比从2000年的65.3%增加到2013年的85.4%，呈持续上升态势，此后几年仅在小范围内波动，2019 年保持在 85.3% 的水平。

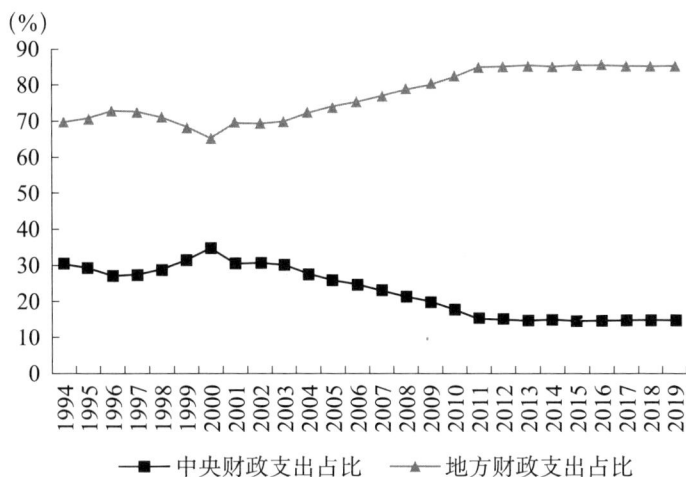

图 3-1 1994—2019 年间中央和地方财政支出占全国财政支出的比重
资料来源：中国财政年鉴编辑委员会 . 中国财政年鉴 2020. 北京：中国财政杂志社，2020.

自 2000 年以来，随着政府职能的不断转变和机构改革进程的不断推进，我国公共财政基本框架逐步完善，中央与地方间的财政事权与支出责任划分陆续进行调整。例如，2003 年，我国提出全国性事务和跨省事务由中央管理，属于面向本行政区域的地方性事务由地方管理；自 2005 年起，中央进一步细化明确了在教育、医疗等方面的重要民生项目的财政事权范围和支出责任负担比例；自 2008 年起，药监、工商、质检等财政事权与支出责任又陆续下放到地方并恢复实行分级管理。地方财政事权与支出责任范围的进一步明确可能是造成地方财政支出占比不断上升的原因之一。

图 3-2 显示，自 2000 年以来，地方财政收入占比并没有出现与支出占比类似的上升趋势，因此地方财政支出占比不断上升并非源于地方一般预算收入逐渐累积，而更可能源于中央转移支付占地方财力的比重不断增加。首先，随着分税制改革、所得税收入分享改革等一系列财政收入集权化改革措施的落地，中央财政收入占比居高不下并

整体上呈上升趋势。与此同时，21世纪初期远高于 GDP 增长速度的财政收入增长速度导致了中央政府财政收入绝对数额的累积。受限于公共品提供的路径依赖以及信息复杂性等原因，中央政府缺乏通过本级财政支出直接提供公共品的比较优势，快速增长的财力只能转移支付给地方，由地方政府负责支出并完成公共品的提供。其次，2000年之后，为了贯彻落实科学发展观，加快构建社会主义和谐社会，中央政府的目标更加关注公平、稳定与民生问题。为此，中央政府加大对经济落后地区的转移支付力度，并不断加大对地方政府在教育、医疗、社保等民生性支出上的转移支付力度，以期地方政府能充分发挥优势，有效改善民生。鉴于以上两方面原因，随着中央转移支付占地方财力比重越来越大，地方政府的实际支出责任不断扩大，最终导致地方财政支出占比逐渐攀升。

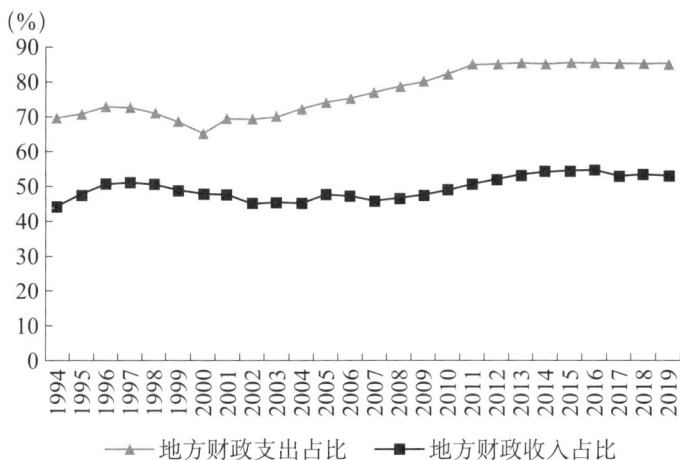

图 3-2　1994—2019 年间地方财政收入和支出占全国的比重

资料来源：中国财政年鉴编辑委员会 . 中国财政年鉴 2020. 北京：中国财政杂志社，2020.

（三）政府间财政事权与支出责任划分的总体构成

中央和地方的实际财政支出在总支出中的占比反映了不同类目下

央地实际支出责任的划分情况［见图 3-3 及表 3-3 的第（1）、第（2）列］。以 2019 年为例，中央承担了几乎全部的外交支出、国防支出，尽管理论上这两类具有强外部性和全国性规模经济效应的公共服务应全部由中央提供，但现实中地方仍承担了 1.9% 的国防支出和 0.3% 的外交支出。此外，中央还承担了一半以上的金融支出、粮油物资储备支出和债务发行费用支出，但在科学技术支出方面中央仅承担了 37.1% 的支出责任，原则上这些公共品由中央提供是更有效率的，因此中央在这些方面的实际支出责任分担比例应进一步提高。此外，地方政府在行政管理类支出（一般公共服务支出和公共安全支出）、基本建设类支出（城乡社区支出和交通运输支出）、住房保障支出、农

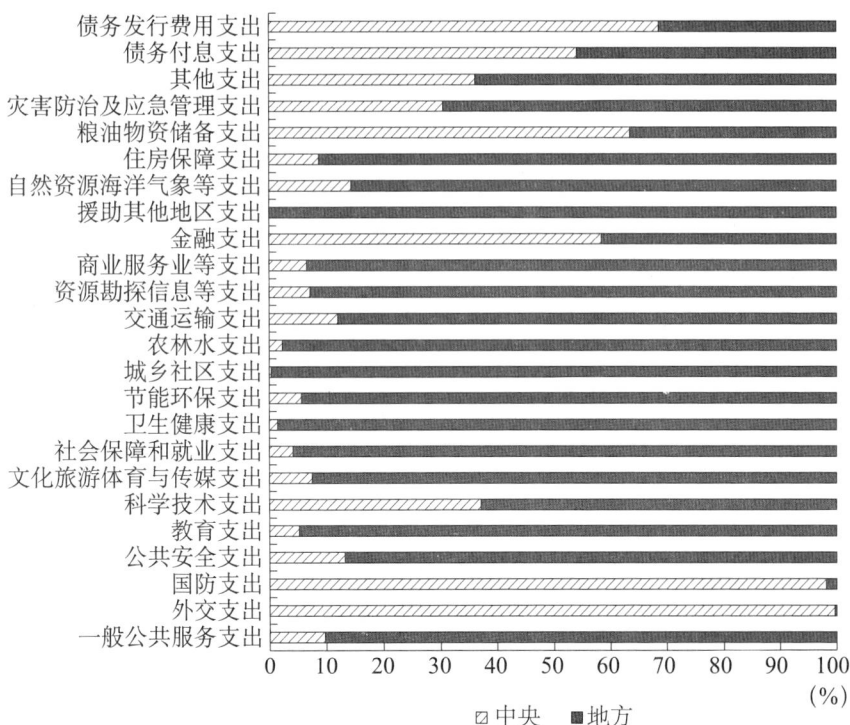

图 3-3　2019 年中央支出和地方支出在总支出中所占的比重

资料来源：中国财政年鉴编辑委员会.中国财政年鉴 2020.北京：中国财政杂志社，2020.

林水支出、卫生健康支出等能充分发挥地方政府信息优势的公共服务领域承担了85%以上的支出责任。对于涉及收入再分配的社会保障和就业支出，从社会公平和稳定的角度出发，应由中央负责提供，但是目前95.8%的该类支出都由地方承担。

表3-3　2019年中央和地方的各类财政支出比重（%）

项目	各类支出中中央支出占总支出的比重（1）	各类支出中地方支出占总支出的比重（2）	各类支出占中央支出的比重（3）	各类支出占地方支出的比重（4）
合计	14.7	85.3	100.0	100.0
一般公共服务支出	9.8	90.2	5.7	9.0
外交支出	99.7	0.3	1.8	0.0
国防支出	98.1	1.9	33.9	0.1
公共安全支出	13.2	86.8	5.2	5.9
教育支出	5.3	94.7	5.2	16.2
科学技术支出	37.1	62.9	10.0	2.9
文化旅游体育与传媒支出	7.6	92.4	0.9	1.9
社会保障和就业支出	4.2	95.8	3.5	13.8
卫生健康支出	1.5	98.5	0.7	8.1
节能环保支出	5.7	94.3	1.2	3.4
城乡社区支出	0.4	99.6	0.3	12.2
农林水支出	2.3	97.7	1.5	11.0
交通运输支出	12.0	88.0	4.1	5.1
资源勘探信息等支出	7.2	92.8	1.0	2.2
商业服务业等支出	6.6	93.4	0.2	0.6
金融支出	58.4	41.6	2.7	0.3
援助其他地区支出	0.0	100.0	0.0	0.2

续表

项目	各类支出中中央支出占总支出的比重（1）	各类支出中地方支出占总支出的比重（2）	各类支出占中央支出的比重（3）	各类支出占地方支出的比重（4）
自然资源海洋气象等支出	14.4	85.6	0.9	0.9
住房保障支出	8.8	91.2	1.6	2.9
粮油物资储备支出	63.5	36.5	3.4	0.3
灾害防治及应急管理支出	30.5	69.5	1.3	0.5
其他支出	36.2	63.8	1.8	0.5
债务付息支出	54.1	45.9	13.0	1.9
债务发行费用支出	68.6	31.4	0.1	0.0

资料来源：中国财政年鉴编辑委员会.中国财政年鉴2020.北京：中国财政杂志社，2020.

除了不同类目下央地实际支出责任的划分情况是央地支出责任划分现状的重要组成部分之外，同一级政府在不同类支出中的分配也包含着财政支出主要投向领域的重要信息。表3-3第（3）、第（4）列分别计算了2019年中央和地方不同类支出占本级财政总支出的比重。就中央财政支出而言，所占份额最大的前三类支出分别是国防支出（33.9%）、债务付息支出（13.0%）和科学技术支出（10.0%）。接下来依次是一般公共服务支出、公共安全支出、教育支出、交通运输支出，虽然这几类支出主要由地方承担实际支出责任，但因其较大的总体规模，它们仍在中央本级支出中占据重要地位（所占份额为4%~6%）。值得注意的是，随着中央政府债务付息支出占总支出比重的不断攀升，支付债务利息而非直接提供公共品已成为中央财政支出的第二大投入领域，这背后蕴藏着不容忽视的政府债务风险，严重阻碍了财政的可持续发展。

从各项目占地方财政支出的份额来看，教育支出项目占比最高，达到了 16.2%。此外，对项目进行简单分类，福利类支出占地方财政支出的比重达到 24.8%，基本建设类支出共占 17.3%，行政管理类支出共占 14.9%。

（四）重点领域的政府间财政事权与支出责任划分

下面以教育、医疗卫生和社会保障为例，介绍重点领域中央和地方政府的财政事权与支出责任划分情况。

1. 教育领域

教育服务可分为基础教育、高等教育和职业教育。除了职业教育由私人部门提供之外，基础教育和高等教育一直是各级政府的重要工作内容之一。对于基础教育，我国实行在国务院领导下，由地方政府负责、分级管理、以县为主的体制。对于基础教育的权责划分，中央政府不仅扮演政策制定者和总体规划师的角色，还设立专项教育基金用于资助特定地区的基础教育。省级政府和地市级政府负责制定基础教育发展规划，做好组织协调工作，并为县级政府的教育经常性支出提供补助。县级政府是包括筹措教育经费等在内的义务教育相关财政事权与支出责任的主要承担者。《国务院办公厅关于印发教育领域中央与地方财政事权和支出责任划分改革方案的通知》（国办发〔2019〕27 号）对教育领域中央与地方政府间财政事权和支出责任划分做出了详细的部署，为形成"中央领导、合理授权、系统完整、科学规范、权责清晰、运转高效"的教育领域财政事权和支出责任划分模式奠定了制度基础。

农村义务教育因其庞大的规模和重要的战略地位一直以来都是党和国家高度关注的治理方向。2002 年，《国务院办公厅关于完善农村义务教育管理体制的通知》（国办发〔2002〕28 号）对各级政府在农村义务教育方面的管理职责进行了明确划分（见图 3-4），用以指导

国务院领导、地方政府分级负责管理（县为主）	中央政府	设立专项资金，扶持贫困地区、少数民族地区的农村中小学学校建设，改善办学条件
	省级政府	统筹制定本省、自治区、直辖市农村义务教育发展规划；核批各县农村中小学教职工编制；逐县核实财力水平，统筹安排财力，帮助并督促省级人民政府确保农村中小学教职工工资按时足额发放；核定本地区农村中小学公用经费的标准和定额，确定农村中小学收费项目和标准；增加危房改造专项资金投入，建立消除农村中小学危房的工作机制；设立专项资金，扶持贫困地区、少数民族地区的农村中小学学校建设，改善办学条件；组织实施教育对口支援工作，推动建立助学制度；组织开展对下级政府的督导评估工作
	地（市）级政府	制定本地区农村义务教育发展规划，组织协调农村义务教育发展；审核上报本地区各县农村中小学教职工编制；对财力不足、发放财政供养人员工资确有困难的县，给予转移支付，对农村中小学危房改造给予补助；组织实施助学活动；加强教育督导检查；财力较好的要安排相应的工资性转移支付资金，确保农村中小学教职工工资按时足额发放
	县级政府	制定本地区农村义务教育发展规划，组织实施农村义务教育；从实际出发，因地制宜，逐步调整农村中小学布局；提出农村中小学教职工编制方案，核定学校的教职工编制；负责农村中小学校长、教职工的管理；合理安排使用转移支付资金，确保按时足额统一发放教职工工资；清理历年拖欠的农村中小学教职工工资，并制订计划，限期补发；统筹安排农村中小学公用经费，安排使用校舍建设和危房改造资金，组织实施农村中小学危房改造和校舍建设，改善办学条件；清理核实农村中小学"普及九年义务教育"欠债，摸清债务来源和使用情况，并尽力偿还；指导农村中小学的教育教学工作；维护学校的治安、安全和正常教学秩序；开展助学活动；对乡（镇）人民政府有关教育工作和农村中小学进行督导评估
	乡级政府	组织适龄儿童少年入学，严格控制义务教育阶段学生辍学；维护学校的治安、安全和正常教学秩序，治理校园周边环境；按有关规定划拨新建、扩建校舍所必需的土地；经济条件较好的政府要积极筹措经费，改善农村中小学办学条件

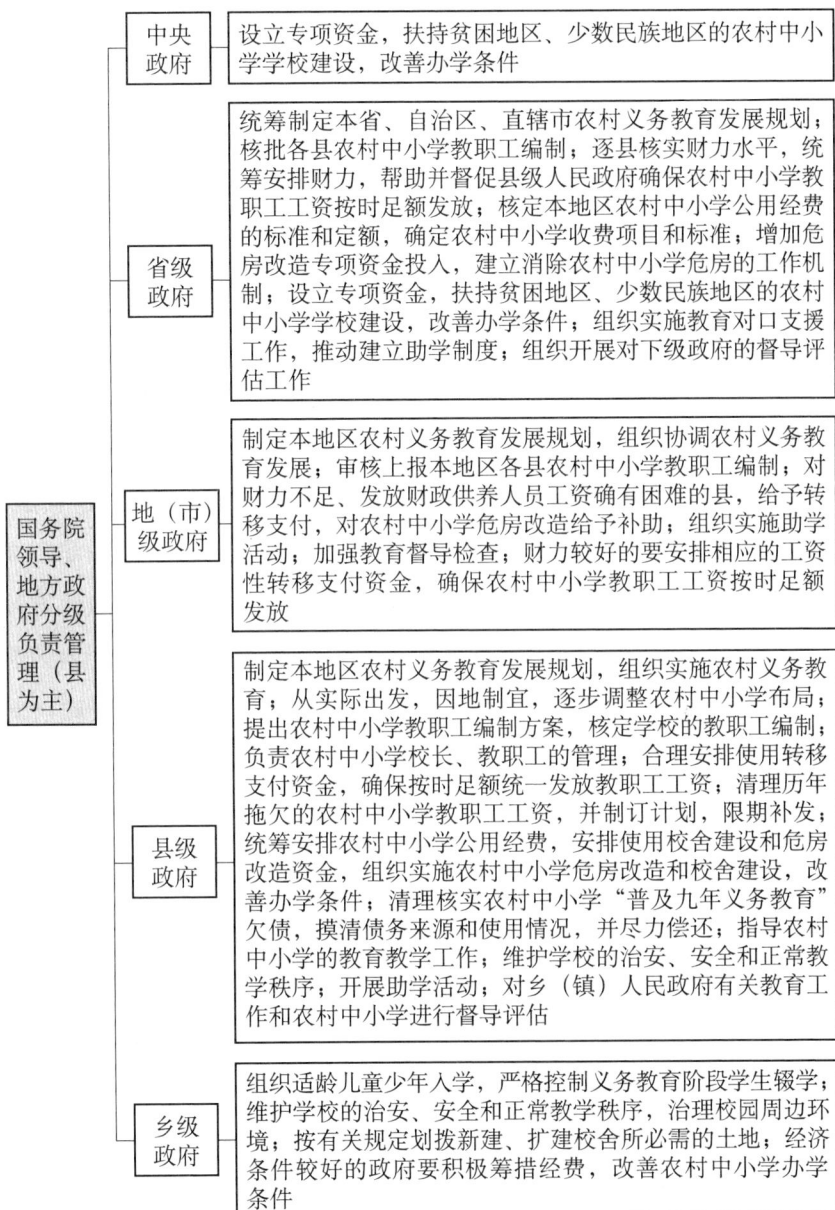

图 3-4　各级政府关于农村义务教育工作的职责分工

资料来源：根据《国务院办公厅关于完善农村义务教育管理体制的通知》（国办发〔2002〕28 号）整理所得。

各级政府在农村义务教育有关事项上的分工。2003 年 9 月成文的《国务院关于进一步加强农村教育工作的决定》（国发〔2003〕19 号）进一步扩大了中央、省和地（市）级政府对基础教育的支出责任，并首次提出对农村家庭经济困难学生实行义务教育，免杂费、免书本费、补助寄宿生生活费（"两免一补"）。随着改革的推进，这一政策的受益人群不断扩大。自 2008 年秋季学期起，全国范围内对所有义务教育阶段学生均免除学杂费，对所有享受低保家庭的学生均免除教科书费，所有家庭经济困难的寄宿生均享受生活费补助。义务教育经费由中央和地方各级政府分项目、按比例分担。

高等教育的财政事权与支出责任划分不同于基础教育。在我国，高等教育机构以公立机构为主，隶属于不同层级的政府。因此，高等教育属于央地共同财政事权，相应的支出责任也由中央和地方政府共同承担。具体而言，中央政府负责国家高等教育发展计划的制定，并对隶属中央的高等教育机构提供直接财政支持；省级政府对全省高等教育发展规划负责，并对省内高等教育机构提供直接财政支持。

2. 医疗卫生领域

随着构建和谐社会战略目标的确立，改善公共卫生服务成为政府追求的一大重要政策目标。中央政府早在 2002 年便做出各级政府卫生投入增长幅度不得低于同期财政经常性支出增长幅度的指示。卫生服务的财政事权与支出责任主要由地方政府承担，尤其是县级和县级以下政府。中央政府重点关注农村地区的医疗卫生服务，并于 2002 年 10 月发布《关于进一步加强农村卫生工作的决定》（中发〔2002〕13 号），详细部署了各级政府开展农村卫生工作的有关事项。农村公共卫生总体规划由中央政府负责制定，省级政府负责规划实施，县（市）政府负责农村公共卫生总体提供。此外，中央财政通过专项转移支付对困难地区的重大传染病、地方病和职业病的预防控制等公共卫生项目给予补助；省级财政承担购买全省计划免疫疫苗和相关的运输费用，并同地（市）级财政一起对县、乡开展公共卫生工作给予必要的业务经费补助。县级政府负责提供所有农村卫生保健服务，并根据国家确定的农村公共卫生基本项目安排人员经费和业务经费。

2003 年 1 月，随着新型农村合作医疗体系的逐步建立，中央和地方政府的卫生支出责任不断扩大。从 2003 年起，中央政府应向每个加入新型农村合作医疗体系的中西部地区农民每年支付 10 元合作医疗补助金。与此同时，地方政府每年需要为每个参加新型农村合作医疗体系的农民提供不低于 10 元的人均补助，由省级政府酌情安排不同地方政府之间的分摊。

2018 年，国务院印发《医疗卫生领域中央与地方财政事权和支出责任划分改革方案》，对包括公共卫生、医疗保障、计划生育、能力建设等在内的医疗卫生领域财政事权与支出责任做出了细致明确的划分（见表3-4），进一步扩大了中央政府的权责范围，为推进基本公共卫生服务统筹化管理奠定了制度基础。

表3-4　医疗卫生领域中央与地方财政事权和支出责任划分情况表

财政事权事项		主要内容	支出责任及分担方式
一、中央财政事权			
（一）公共卫生	1.重大公共卫生服务（全国性或跨区域的重大传染病防控等）	包括纳入国家免疫规划的常规免疫及国家确定的群体性预防接种和重点人群应急接种所需疫苗和注射器购置，艾滋病、结核病、血吸虫病、包虫病防控，精神心理疾病综合管理，重大慢性病防控管理模式和适宜技术探索等	中央财政承担支出责任

续表

财政事权事项		主要内容	支出责任及分担方式
（二）能力建设	2.中央所属医疗卫生机构改革和发展建设	落实国家规定的对中央所属医疗卫生机构改革和发展建设的补助政策，包括符合区域卫生规划的中央所属公立医院、专业公共卫生机构和计划生育服务机构等	中央财政承担支出责任
	3.中央卫生健康管理事务	包括中央职能部门承担的战略规划、综合监管、宣传引导、健康促进、基本药物和短缺药品监测、重大健康危害因素和重大疾病监测、妇幼卫生监测等	中央财政承担支出责任
	4.中央医疗保障能力建设	包括中央职能部门及其所属机构承担的战略规划、综合监管、宣传引导、经办服务能力提升、信息化建设、人才队伍建设等	中央财政承担支出责任
二、中央与地方共同财政事权			
（一）公共卫生	1.基本公共卫生服务	包括居民健康档案管理、健康教育、预防接种、0—6岁儿童健康管理、孕产妇健康管理、老年人健康管理、高血压和糖尿病等慢性病患者健康管理、严重精神障碍患者管理、肺结核患者健康管理、中医药健康管理、传染病及突发公共卫生事件报告和处理、卫生计生监督协管12项内容，以及健康素养促进、妇幼卫生、老年健康服务、医养结合、卫生应急、提供避孕药具、孕前优生健康检查、计划生育事业费等部分原重大公共卫生服务和计划生育项目	中央与地方分档按比例分担。第一档为8：2，第二档为6：4，第三档为5：5，第四档为3：7，第五档为1：9

续表

财政事权事项		主要内容	支出责任及分担方式
（二）医疗保障	2.城乡居民基本医疗保险补助	包括各级财政对城乡居民基本医疗保险的缴费补助	中央与地方分档按比例分担。第一档为8：2，第二档为6：4，第三档为5：5，第四档为3：7，第五档为1：9
	3.医疗救助	包括城乡医疗救助和疾病应急救助	根据救助需求、工作开展情况、地方财力状况等因素确定
（三）计划生育	4.计划生育扶助保障	包括农村部分计划生育家庭奖励扶助、计划生育家庭特别扶助、计划生育"少生快富"补助	中央与地方分档按比例分担。第一档为8：2，第二档为6：4，第三档为5：5，第四档为3：7，第五档为1：9
（四）能力建设	5.国家根据战略规划统一组织实施的卫生健康能力提升项目	包括国家根据战略规划统一组织实施的卫生健康人才队伍建设、重点学科发展等项目	根据工作任务量、补助标准、绩效考核情况等因素确定
	6.中医药事业传承与发展	包括中医药临床优势培育、中医药传承与创新、中医药传统知识保护与挖掘、中医药"治未病"技术规范与推广等	根据工作任务量、绩效考核情况、地方财力状况等因素确定
三、地方财政事权			
能力建设	1.地方所属医疗卫生机构改革和发展建设	落实国家规定的对地方所属医疗卫生机构改革和发展建设的补助政策，包括符合区域卫生规划的地方所属公立医院、基层医疗卫生机构、专业公共卫生机构和计划生育服务机构等	地方财政承担支出责任。在深化医药卫生体制改革期间，中央财政对地方按规定给予补助

续表

财政事权事项		主要内容	支出责任及分担方式
能力建设	2.地方自主实施的卫生健康能力提升项目	包括地方自主实施的卫生健康人才队伍建设、重点学科发展等项目	地方财政承担支出责任
	3.地方卫生健康管理事务	包括地方职能部门承担的战略规划、综合监管、宣传引导、健康促进、基本药物和短缺药品监测、重大健康危害因素和重大疾病监测、妇幼卫生监测等	地方财政承担支出责任
	4.地方医疗保障能力建设	包括地方职能部门及其所属机构承担的战略规划、综合监管、宣传引导、经办服务能力提升、信息化建设、人才队伍建设等	地方财政承担支出责任。在深化医药卫生体制改革期间,中央财政对地方医疗保障能力建设按规定给予补助

资料来源:《国务院办公厅关于印发医疗卫生领域中央与地方财政事权和支出责任划分改革方案的通知》(国办发〔2018〕67号)。

3. 社会保障领域

中国的社会保障支出是包括养老保险、失业保险、医疗保险、生育保险、工伤保险、城乡最低生活保障、社会救助和其他福利项目在内的一揽子计划。我国社会保障体系尚未成熟,仍处于不断探索与改革之中,与之相应的财政事权与支出责任划分亦不明晰。在模糊的纲领性指导下,社会保障项目主要由地(市)级政府和县级政府负责实际提供,中央政府通过专项转移支付的方式给予地方政府一定的财政支持。值得注意的是,我国社会保险服务通过单独的社会保险基金进行专项资金管理,资金来源主要是参保人的部分工资、参保单位缴纳和政府补贴。在过度分权化的模式下,我国社会保障体系普遍面临资金不足的问题,甚至出现"空账"运行的现象。随着人口老龄化趋势的不断加重，社会保险基金的可持续发展面临重大挑战。

近年来，随着社会保障体系的建设与完善，各项社会保障服务覆盖率不断上升，社会保险逐渐走上统筹化管理之路，中央政府在社会保障项目上的支出责任进一步扩大。根据《基本公共服务领域中央与地方共同财政事权和支出责任划分改革方案》，22 个省（自治区、直辖市）的城乡居民基本养老保险补助中的基础养老金标准部分将全部由中央政府承担，其余地区中央承担 50%；城乡居民基本医疗保险补助由中央与地方分档按比例承担，中央政府对第一至第五档省（自治区、直辖市）分别承担 80%、60%、50%、30% 和 10%。

三、政府间财政事权与支出责任划分的建设方向

（一）现行政府间财政事权与支出责任划分存在的主要问题

自改革开放以来，虽然我国财政体制经历数次重大改革，但并未有效解决政府间财政事权与支出责任划分的根本问题。长期以来，不明确和不规范的政府间财政事权与支出责任安排引发了诸多财政问题甚至社会问题，主要表现为政府职能定位不清、划分缺乏明确和统一的法律界定、地方支出责任与收入不匹配、若干公共服务的财政事权与支出责任分配低效等方面。虽然自 2016 年起《指导意见》的出台拉开了政府间财政事权与支出责任改革的序幕，但历史遗留问题的解决并非在朝夕之间。只有充分认识政府间财政事权与支出责任划分存在的问题，才能追根溯源，对症下药，有效推进政府间财政事权与支出责任划分改革，为建设与国家治理现代化相适应的财税体制夯实基础。

1. 政府职能定位不清

明确政府与市场的职能边界是明确划分政府间财政事权与支出责

任的逻辑起点和前置条件，政府职能转变的进程决定着政府间财政关系的完善空间。我国仍面临政府职能定位不清的问题，政府在提供公共服务时"越位"与"缺位"的现象并存，对本应由市场调节或社会提供的事务财政包揽过多而对基本公共服务财政承担不足的现象时有发生。在从计划经济向市场经济过渡的过程中，政府逐渐加大对市场机制的依赖，放弃了对私营部门的直接干预。然而，政府在私人部门的支出责任仍然非常大。相当数量的企业仍为各级政府所有，政府仍有多种渠道通过国有企业直接或间接地干预市场活动。例如地方政府可能会利用转移支付资金支持国有企业的发展，最终影响市场竞争的结果。由于各级政府在财政资金使用方面也有一定的自由裁量权，向市场经济活动扩张所占用的财政资源将挤出本应用于提供基本公共服务的资金，最终造成地方公共品供给不足。此外，由于我国经济和社会发展还很不平衡，政府主导和政策拉动仍是刺激经济增长的关键驱动力，而在加强市场监管、维护市场秩序、保护环境、收入再分配、改善民生等方面政府发挥作用不够，在这种情况下，市场无法在资源配置中起到决定性的作用。

2. 缺乏明确和统一的法律框架

我国尚没有一部详细的、完整的界定政府间财政事权与支出责任范围的法律法规。《宪法》对各级政府的财政事权只进行了原则性的大框架式的划分，并未做出明确具体的规定和要求。《中华人民共和国义务教育法》等法律法规对特定领域的财政事权与支出责任做出了进一步的划分，但仍未对具体公共服务的提供事项给予权威性的指导。相关的政府部门文件以立法层次较低的规范性文件为主，缺乏确定性、稳定性和透明度。整体来看，法律依据的缺失导致我国政府间财政事权和支出责任划分不够明确，法治化和规范化程度不高，严重阻碍了政府间财政关系体系的有效运转，并产生了一系列影响。

首先，由于在确定实际负责提供特定公共服务的政府级别时缺乏相应的法律依据，上级政府以及人民难以对存在的问题进行问责。问责机制的缺失导致地方政府没有激励把财政支出优先安排在符合当地居民需求和偏好的公共品上，从而扭曲了地方政府的行为。

其次，财政事权与支出责任划分方面的法律依据缺失给予了地方政府一定的自由裁量空间，使得上下级政府往往通过谈判对划分决策进行调整，这将导致政府间财政事权与支出责任的最终划分取决于各方力量博弈的结果而非理论上最有效率的科学原则。同时，中央政府可以干预任何级别地方政府决策的权力，使得地方政府的财政事权与支出责任时常被动扩大，比如各类专项资金要求地方政府提供配套资金支持。这些因素破坏了我国财政分权制度的规范性，加剧了地方政府财政事权与支出责任的不确定性，不利于地方政府长效激励和约束机制的形成。

再次，由于缺乏明确和统一的法律界定，在行使共同财政事权的过程中，各级政府之间、同级政府的不同部门之间、中央垂直管理机构与地方政府之间都容易出现职责交叉重叠，这严重降低了公共服务的提供效率，有损社会福利，尤其是在教育、社会保障、公共卫生等需要大量财政投入的民生领域，中央政府和地方政府在诸多具体事项上采取共同承担财政事权与支出责任的策略，容易造成权责互相推诿或互相挤占的现象，使财政问责变得更加困难。

最后，不明确的财政事权与支出责任划分导致各省之间和各省内部的责任分配均存在显著差异。一方面，这种差异增加了政府间关系的复杂性，严重降低了中央政府对下级政府转移支付的传递效率，造成财政效率损失。另一方面，各级政府支出水平的横向差异最终将转换为当地基本公共服务水平的差异，不仅为规范化、标准化公共服务增加了难度，不利于为政府提供公共服务的绩效评估设定普适标准，还有损于集体福利，加剧了社会不公平，阻碍了推动基本公共服务均等化和构建社会主义和谐社会的历史进程。

3. 地方支出责任与收入不匹配

在当前的中央与地方间财政事权与支出责任划分体系中，存在着大量共同财政事权。在现实中，中央政府会为部分共同财政事权项目提供一定的资金支持，通常以按比例分担的方式对地方给予补助。然而，在一些央地共同承担的事项上，中央政府并不承担支出责任，仅扮演规划者的角色，并将公共服务的财政支出责任交由省级政府承担，产生"上面点菜，下面买单"的现象。这种中央与省级政府间的权责划分模式容易产生负向示范效应，在没有明确划分的情况下，省级政府很容易进行路径模仿，并将支出责任进一步移交至下级政府，最终导致基层政府承担过多能力范围之外的支出责任。

如图 3-2 所示，我国政府间支出责任安排呈现明显的分权化趋势，公共服务的供给职责层层下放，地方政府承担的支出事务过重（2019年地方财政支出占财政总支出的比重达到 85.3%）。自分税制改革以来，随着财政收入集权化趋势的不断加剧，地方政府拥有的财力相对有限（2019年地方财政收入占财政总收入的比重仅为 53.1%）。财政收入集权化与财政支出分权化的发展趋势导致地方财政出现严重的纵向失衡，地方政府不得不更加依赖政府间转移支付，或者谋求一些预算外甚至制度外的收入。对转移支付的依赖性逐渐增强引发了诸多道德风险问题，不仅影响地方政府提供公共服务的自主性和积极性，还容易扭曲地方政府的行为——削弱地方政府税收征管的力度（Jia et al.，2020），滋生"跑部钱进"等腐败现象，不利于经济社会的协调发展。对预算外收入的谋取亦引发了诸多问题，其中最典型的便是依靠土地出让金维持地方财政运转导致地方政府陷入"土地财政"困境。

支出责任与地区收入严重脱节的现象在省以下政府中表现得尤为明显。一方面，以分税制为代表的一系列收入集权化改革往往是自上而下推行的，地方政府掌握的财力相对较少，尤其是基层政府，常出现财政"入不敷出"的局面。另一方面，由于长期以来省以下财政事权与支出责任的划分并没有明确的规范，地方政府特别是县、乡两级政府承担的支出责任非常重，在教育、卫生、社会保障等需要大量财政投入的领域反而是由财力不足的低层级政府承担主要责任，地方政府普遍陷入财政困境，甚至自身正常运转都难以为继。一些经济发展较为落后的地区无力承担广泛的支出责任，导致当地基本公共服务面临供给不足且水平低下的问题，严重阻碍了基本公共服务均等化进程，制约了我国经济社会的协调发展。

4. 若干公共服务的财政事权与支出责任分配低效

自分税制改革以来出台的诸多财政体制改革措施虽未对政府间财政事权与支出责任进行详细、明确的划分，但仍做出了中央负责中央直接管理的事业发展支出，地方负责本地区经济、事业发展所需支出的纲领性指导。然而，这一原则在实际落实过程中遇到重重阻碍，导致中央政府"缺位"与"越位"现象并存，在不少对全国性公共事务财政承担不够的同时又插手一些地区事务，造成若干公共服务的财政事权与支出责任划分不合理、不规范，财政效率低下。

第一，中央政府在经济性支出和行政管理等维持性支出方面财政承揽过多。大到重大基础设施建设，小到农村厕所改造项目，中央政府干预过多，不仅严重损害了地方政府的支出自主权，不利于调动地方积极性，也造成了公共服务提供上的效率损失。在推动全面建成小康社会的历史进程中，中央政府着重关注农村的经济社会发展，并将诸多农村公共服务项目提上中央议程，纳入中央政府的支出责任范围，比如小型农田水利建设、农机补贴、农村沼气建设、农村厕所改造等。此外，中央政府还会在经济结构调整、环境保护、交通运输、市场建设等方面采用一次性资助的方式下拨资金，吸引地方政府竭力争取。这不仅容易引发地区间资金分配的不公平，也让地方政府付出了高昂的争取成本——争取"失败"的地方政府将承受财政资金损失，挤出对其他基本公共服务的财政承担，造成财政效率损失；而争取"成功"的地方政府也未必能充分利用中央资金，提供符合地方实际和社会需要的公共品。与此同时，这样的资金划拨方式也为中央有关部门寻租创造了条件，容易滋生腐败，有损于健康廉洁的行政体制和财政体制建设。

第二，中央政府在经济管理和科教文卫等社会性支出上明显投入不足。例如中央政府承担着维持经济总量平衡、优化经济结构和维护全国市场统一等宏观经济管理职责，但与之相应的调控手段的决策权却并未集中在中央政府手中。跨省河流治理、跨区域污染防治、跨区域经济纠纷司法管辖等具有明显的跨区域外部性的公共服务也大多由地方政府负责。此外，地方政府在教育支出、卫生健康支出、社会保障支出等社会性支出上均承担了 94% 以上的支出责任，严重制约了我国基本公共服务的均衡发展，尤其是地方政府在社会保险支出上承担了主要责任，这与其他国家社会保障由中央政府集权提供的做法截然不同。一般来说，养老保险、失业保险等社会保障项目应划分为中央政府的责任，因为这些与社会公平和稳定有关的公共服务需要很高的风险统筹，这是县乡级政府无法实现的。在社会保障方面过度分权化，不仅会造成公共服务的低效提供和区域差距逐渐扩大，还会带来严重的分配后果。

（二）政府间财政事权与支出责任划分的建设方向

在新时代有效、合理地划分政府间财政事权与支出责任是建设现代财政体制的重要内容，也是促进我国基本公共服务均等化的重要前提，更是推进国家治理体系和治理能力现代化的客观需要。在充分了解政府间财政事权与支出责任划分的主要矛盾与问题的基础上，要合理界定政府与市场的边界以及政府间的财政边界，稳步推进财政事权与支出责任划分法治化进程，统筹协调财政事权与支出责任相匹配，统筹协调财政事权与财权相匹配，完善地方政府激励机制，牢牢把握政府间财政事权与支出责任划分体系的建设方向，推动政府间财政事权与支出责任划分体系朝着规范、清晰、稳定、高效的目标稳步迈进。

1. 合理界定政府与市场的边界

在进行政府间财政事权与支出责任改革之前，必须首先明确政府与市场的边界，理顺政府与市场的关系。这是明确政府的职能范围，进而在各级政府间进行合理的权责分配的必要前提。合理界定政府与市场边界的核心在于发挥市场在资源配置中的决定性作用。首先，要充分重视市场在配置资源方面的主体地位，鼓励市场承担更多资源配置职能。政府应简政放权，在市场机制能够发挥作用的领域给予市场充足的空间，比如在高等教育、医疗、文化等领域吸引民间资本涌入，在基础设施和公用事业建设等方面鼓励私人部门参与建设。其次，要明确政府作为市场引导者而非主导者的地位，强化政府在宏观经济管理、市场规则制定、市场交易监管、社会诚信建立等方面的责任，营造秩序规范的市场环境，为市场机制的稳定运行保驾护航。政府还应在市场失灵或市场无法解决的领域出手补足，比如在解决外部性问题和提供公共品上，政府要积极承担。此外，要加快推进国有企业改革，提高国有企业效率，减少政府通过国有企业干预市场经济的行为。

2. 合理划分政府间的财政边界

对各级政府在具体公共服务项目上的财政事权进行合理、明确的划分是政府间财政事权与支出责任改革的关键一步。在明确政府职能范围的基础上，要按照公共品提供的基本原则和行政管理理论，结合我国国情和经济社会发展现状，对中央和地方的财政事权与支出责任进行清晰的界定和划分（Liu et al.，2015）。《指导意见》明确提出要推进中央与地方财政事权划分、保障地方履行财政事权、减少并规范中央与地方共同财政事权等。

第一，要适度加强中央的财政事权和支出责任。将具有全国性规模经济效应，与保护国家利益、维护统一市场、促进区域协调发展等有关的重大事务划归为中央财政事权，尽量避免中央对地方政府的委托，以加强统一管理，避免效率损失。例如，中央政府应负责提供国防、国家安全、外交、出入境管理、国界河湖治理、全国性重大传染病防治、全国性战略性自然资源使用和保护等基本公共服务。考虑到我国不平衡不充分的发展现状和经济社会发展的阶段性特征，中央政府还应在维护社会公平正义、促进共同富裕、保障公民基本权利等方面充分发挥作用。

第二，要保障地方履行财政事权。将受益范围地域性强、信息较为复杂且主要与当地居民密切相关的基本公共服务确定为地方财政事权，比如社会治安、市政交通、农村公路、城乡社区事务等。中央政府应减少对地方决策的直接干预，充分调动和发挥地方政府的积极性，提供更符合当地居民偏好和需要的公共服务。对地方政府的财政事权与支出责任，应制定详细的权责清单，尤其要合理划分省以下政府的财政事权与支出责任范围，防止支出责任层层下放，严格控制县、乡级政府的支出责任，提高省级政府和地（市）级政府的责任心、自觉性和积极性，帮助基层政府摆脱财政困境。

第三，要减少并规范中央与地方共同财政事权。能体现中央战略意图、具有跨区域外部性且需要地方发挥信息优势进行落实的基本公共服务应确定为中央与地方共同财政事权，比如义务教育、高等教育、科技研发、就业、基本养老保险、基本医疗和公共卫生、公共文化、粮食安全、跨地区重大基础设施项目建设和环境保护与治理等。此外，要进一步明确中央政府与地方政府在各项共同财政事权中承担的职责，避免职责交叉重叠、承担主体相互推诿或相互挤占的现象发生。

3. 推进财政事权与支出责任划分法治化

对于政府间财政事权与支出责任，无论是其范围的界定、权责的划分，还是最终的落实运行，都迫切需要权威、有效的法律依据来保障财政事权与支出责任划分体系的严肃性和稳定性。为从根本上解决我国财政事权与支出责任划分体系存在的诸多难题，必须加快推进财政事权与支出责任划分的立法进程，加快形成分工合理、权责一致、运转高效、有法可依的国家权力纵向配置体系与运行机制。这不仅是形成合理的行政秩序、市场秩序和社会秩序的基本前提，更是推进国家治理体系和治理能力现代化的重要内容和必然要求。

具体而言，短期来看，应继续以国务院行政法规的形式对重点领域的财政事权与支出责任进行明确具体的划分，对各级政府的职责加以规范；还应将涉及财政事权与支出责任划分的现存法律列入修改计划，进一步细化原本统领性的表述。长期来看，应着手制定专门的法律以完善财政事权与支出责任法律体系，进一步提高相关法律依据的权威性和系统性。

4. 统筹协调财政事权与支出责任相匹配、财政事权与财权相匹配

理论上讲，财政事权与支出责任应是一一对应的，一级政府应为财政事权范围内的公共服务提供承担支出责任。然而在现实中，受限于政府履行职能的复杂性，一些原本属于上级政府财政事权范围内的

公共服务不得不委托给下级政府来负责提供。因此，在明晰财政事权的基础上，要进一步明确各承担主体的支出责任，争取做到财政事权与支出责任相匹配。在央地共同财政事权上，应根据各级政府的财政事权范围和受益范围，在事前就确定好各级政府的负担比例和具体负担事项。在必须通过委托代理完成的公共服务项目上，上级政府应在移交支出责任的同时给予下级政府相应的转移支付资金。

财政事权和财权划分不匹配将引发"公共池"效应，削弱财政分权对地方政府的约束力，导致地方财政支出效率低下。转移支付是解决各级政府收入与支出差距问题的主要途径，提高转移支付体系的科学性和规范性显得尤为重要。然而，仅依靠转移支付是无法完全弥补地方政府财力与支出责任的显著差异的，还会带来诸多道德风险问题。因此，要想解决地方政府财力不足以承担支出责任的难题，必须在适当上收地方财政事权的同时，加快推进财政收入改革，适当调整政府间收入划分，下放财权并缩小转移支付的规模，逐渐向财权与财政事权相匹配的财政分权模式靠拢，建设健康、有效率的现代财政体制。

5. 完善地方政府激励机制

即使按照科学的理论原则对公共服务的财政事权与支出责任进行了明确的划分，也可能因为地方政府的激励不相容问题，造成财政效率和社会福利损失。自改革开放以来，我国逐渐形成了经济增长主导的官员绩效评价体系，地方官员在晋升激励的作用下更加偏好生产性支出，而在民生性支出上投入不足（Jia et al., 2014；尹恒、朱虹，2011；傅勇、张晏，2007）。因此，要加快推进激励机制的建设与完善，充分引导地方官员的绩效目标更加贴合公共需要，实现激励相容，减少对地方政府行为的扭曲，切实保障地方公共服务的有效提供。此外，还应为地方政府推行财政事权与支出责任划分改革设计相应的激励，充分调动和发挥地方政府的积极性，保障改革在更低层级政府间的推进与落实，避免改革停于纸面、流于空转。

总体而言，自2016年《指导意见》出台以来，我国财政事权与支出责任划分体系改革正在稳步推进中，在取得了阶段性成果的同时也遇到了不易攻克的难题。为了确保改革效果的实现，攻坚克难，加快现代财政体制的建设，在财政事权与支出责任划分改革过程中需要特别注意以下几点：

第一，要坚持以顶层设计引领全面改革，争取做到一脉相承。《指导意见》首次制定了中央与地方间财政事权与支出责任划分的实施方案，从划分原则、权责归属、保障措施、职责分工、进程安排等方面对财政事权与支出责任划分工作做出了详细部署，是统领全国财政事权与支出责任划分改革的基本规范。在制定针对具体领域的改革方案以及各地方的实施细则时，要遵循《指导意见》的改革逻辑，不得背离顶层设计的改革理念，尤其是省以下政府在划分不同层级政府间财政事权与支出责任时要坚持《指导意见》中明确的划分原则和改革内容，争取做到与中央改革方案一脉相承。

第二，要进一步细化改革方案，增强改革可实施性。在制定分领域改革方案时，应对《指导意见》中已明确的财政事权与支出责任划分做出更加详细的解释与规范，比如《指导意见》中按财政事权属性确定承担主体的原则应在具体领域一一对应具体事项，明确每一项公共服务的财政事权与支出责任的承担主体，对共同财政事权要明确各级政府的分担比例，同时，还应主动明确《指导意见》中未提及的公共服务项目的权责归属，尽可能减少"灰色区域"的出现，防止各级政府权责互相推诿或互相挤占的现象发生。

第三，要加强协同合作，确保改革扎实推进，务求实效。首先，作为财政体制的重要组成部分，财政支出与财政收入、转移支付等财政要素密不可分，财政事权与支出责任划分改革只有充分联动财政收入改革和转移支付改革，才能进一步理顺中央与地方间的财政关系，建设成健康、稳定的现代财政体制。其次，重点领域的财政事权与支出责任划分改革还需与相关领域的各项改革形成合力，互相体现，互相充实，形成良性互动、协同推进的局面。此外，在明确各级政府的财政事权与支出责任范围的基础上，要加强中央与地方之间以及各部门之间的分工合作。不仅要合理安排各政府部门的职责分工，明确牵头部门，分清主次责任，还要处理好地方政府与中央和省级政府垂直管理机构的权责关系，妥善解决职责交叉重叠问题，加强问责，为提供满足居民需要和偏好的公共服务做好切实保障和配套措施。

第四章
建立激励兼容的政府间收入划分体系

长期以来，如何在一个多级政府框架下对收入进行合理划分，以充分发挥中央和地方两个积极性，一直是我国财税体制改革的出发点和落脚点，也是推进国家治理体系和治理能力现代化的应有之义。党的十八届三中全会明确指出，要在保持现有中央和地方财力格局总体稳定的基础上，进一步理顺中央和地方收入划分。因此，从既有政府间收入划分现状和基本事实的视角出发理顺政府间财政关系，对于深刻认识和理解政府间收入划分制度对经济社会发展的影响，进而明确今后的建设方向具有重要意义。本章首先结合财政分权理论探究了政府间收入划分应当遵循的基本原则，然后基于相关统计数据考察了我国政府间收入划分的现状与基本事实，最后给出下一阶段政府间收入划分的建设方向。

一、政府间收入划分的基本原则

税收收入是政府有效履行财政职能，合理提供公共品和服务的资金保障，是政府与辖区内居民联系的桥梁，奠定了政府与辖区内居民互动关系的物质基础。鉴于本书第三章的讨论，政府提供的公共品和服务具有突出的层次性和外溢性特征，不同类别的公共品和服务需要由不同级别的政府提供。那么，一个自然的问题是，国家取得的财政收入尤其是税收收入应当如何在不同级次的政府间合理划分以充分保障各级政府各项职能的正常发挥？也就是说，政府间收入划分需要遵循哪些基本的原则？

关于政府间收入划分基本原则的分析主要涉及两代财政分权理论。

第一代财政分权理论（即传统财政分权理论）认为，政府间收入划分方式应该与各级政府的财政职能紧密联系（Musgrave，1959；Oates，1972）。其中，最著名的当属美国财政学家 Musgrave 提出的七原则：

（1）税基流动性较强的收入划归中央政府，否则会扭曲资源的跨区域流动，不利于政府资源配置职能的实现；

（2）税基流动性较差的收入归属地方政府，因为这不会引致资源大规模的跨区域流动；

（3）中央政府往往承担着调节居民收入差距的职责，故以保障收入再分配为目标的收入归为中央政府；

（4）地区间税源分布不均匀的收入归属中央政府，否则会出现由于体制设计而人为加剧地区间收入不平衡的现象；

（5）依附于居住地的收入划归地方政府，这可有效激励地方政府为辖区内居民提供相应的公共品和服务，以达到拓展税源、实现收入最大化的目标；

（6）中央政府同样承担着经济稳定与发展的职责，故用于稳定与发展经济的收入划归中央政府；

（7）中央政府和地方政府均可以根据其提供的公共品和服务受益范围的大小获取相应收入。

整体而言，第一代财政分权理论强调了居民偏好的地区间异质性和地方政府财政经济活动的溢出效应这两个核心问题。举例来说，在该框架下，对调节居民收入再分配和促进经济稳定与发展具有显著影响的个人所得税和企业所得税收入应当划归中央政府，与辖区内居民受益程度高度关联的房地产税则应归地方政府。

第二代财政分权理论（即现代财政分权理论）将现代企业治理理论引入财政分权的分析框架内，并指出财政分权可以加剧政府间的财政竞争，因而一个合理的政府间收入划分体系应当有效约束这一行为，实现激励兼容（Brennan and Buchanan，1980；Qian and Weingast，1997；Qian and Roland，1998）。该观点指出，辖区间竞争可以有效约束地方政府的过度征税行为，意味着将税基流动性较大的收入划为地方政府是一个良好的选择。也就是说，个人所得税和企业所得税收入应当划归地方政府。显然，这与传统财政分权理论所建议的收入划分形式截然相反。

综合而言，尽管根据两代财政分权理论得到的政府间收入划分结论存在较大差异（第一代财政分权理论更受学者青睐），但不可否认的是，这两种理论一定程度上均体现了政府间收入划分所遵循的两类主要原则：一是按照税种本身的性质划分；二是按照受益范围的大小划分。表4-1给出了Boadway等（1994）根据这两类原则对政府间收入具体划分的结果。类似地，世界银行的《1997年世界发展报告》对政府间收入划分亦提供了相应的参考性建议，见表4-2。

表4-1　中央与地方税收收入的理论划分

税种	主要特征	归属主体
关税	国际贸易为中央政府职能	中央
企业所得税	税基流动性大、顺经济周期波动	中央
自然资源税	地区间税基分布不均衡	中央
个人所得税	税基流动性大、具有收入再分配特征	中央

续表

税种	主要特征	归属主体
资本课税	具有收入再分配特征	中央
工薪税	受益者支付缴纳	中央、省
增值税	顺经济周期波动	中央
单环节销售税	区域间贸易课税	中央
消费税	依附于居住地的收入	省、地方
房地产税	税基流动性差、受益者支付缴纳	地方
停车费	受益者支付缴纳	地方
行政收费	特殊公共服务付费	中央、省、地方

资料来源：Boadway, R., S. Roberts and A. Shah. *The Reform of Fiscal Systems in Developing and Emerging Market Economies: A Federalism Perspective.* World Bank Publications, 1994.

表4-2　按政府级别划分税收收入的可能方式

中央政府	州（省）政府	地方政府
增值税	个人所得税	财产税
个人所得税	全国性税收的附加税	车辆税
企业所得税	零售税	使用税
消费税	消费税	证照和收费
自然资源税	财产税	
关税	车辆税	
出口税		

资料来源：世界银行.1997年世界发展报告.北京：中国财政经济出版社，1997.

可以看出，关税、自然资源税、增值税以及企业所得税等被认为应当作为中央税。具体原因在于：关税是一国以维护国家主权和经济利益、保护和促进本国工农业发展、调节国民经济和对外贸易为目的筹集的财政收入，这些职能显然属于中央政府范畴。自然资源在地区间的禀赋存在显著差异，将其作为中央税可以有效调节地区间自然资源级差收入，促进区域间均衡协调发展。增值税在征收过程中需要通过发票抵扣，这就要求对发票信息搜集、比对以及稽查等进行统一管理。另外，如果将增值税作为地方税，可能出现地区间差别税率等恶性竞争的现象，影响地区间的贸易往来（吕冰洋，2010），对全国统一市场的形成造成不利影响，进而不利于经济的稳定与发展。企业所得税由于其税基具有高度的流动性，地区间税率的差异往往会直接影响公司开展经济活动的选址。此外，企业所得税的税基也往往是顺经济周期波动的，意味着当经济处于扩张或者繁荣阶段时，税收收入倾向于增加；当经济处于下行或者衰退阶段时则相反。也就是说，企业所得税收入具有较大的不稳定性，更适合划归中央政府。

消费税根据其税基的宽窄和在经济活动中的功能，可以分为选择性消费税和一般性消费税。前者主要是针对选择的某些特定商品在征收增值税的基础上再征收一道税；符合税收支付能力的纵向公平原则，即高收入群体承担更多的税负，有助于调节居民收入分配差距；引导居民消费行为，培养理性、健康的消费习惯，对烟草征税正是体现了这一点。一般性消费税则是对大多数商品征税，其主要目的是筹集财政收入。显然，一般性消费税的税基更宽，主要来源于辖区内居民的消费规模（在消费税在零售环节而非生产环节征收的前提下）[①]，而这往往又与当地政府提供的消费基础设施服务和创造的消费环境有关。一般而言，地方商业区规划建设越完善，食品质量与安全监管力度越大，越有助于刺激当地区民的消费行为。整体来看，选择性消费税的税基较窄，着重突出税收的调节功能，故应当作为中央税；一般性消费税的税基较宽，强调的是税收筹集财政收入的功能，并且具有较强的受益性质，适合作为地方税。

---

① 我国采用的是典型的选择性消费税，且在设置之初出于征管需要，一般在生产环节征收。但消费税征收环节后移并稳步下划地方成为"十四五"时期税制改革的重头戏，关于这一点的具体介绍详见本章第三部分。

房地产税是向地产物业征收的一种财产税，其计税依据来自对房地产的评估价值。这表明：（1）房地产税的税基流动性差，税收收入相对稳定；（2）税基的大小与辖区内政府提供的公共品和服务的质量密切相关，体现了良好的受益性质；（3）辖区间差异化的税率和税收管理方式对税源影响较小，因为居民购买不同辖区内的房屋正是其"用脚投票"的结果。这意味着，如果当地政府可以为居民提供良好的公共品和服务（如优质的教育、完善的医疗卫生体系），即使以较高税率征税也较易得到辖区内居民的支持。故理论上看，适合将房地产税作为地方税。

以上分析的是 Boadway 等（1994）和世界银行《1997 年世界发展报告》根据税种本身的性质和受益范围的大小这两个原则给出的政府间收入划分的理论性建议。值得一提的是，世界上大多数国家关于政府间收入划分的具体实践的确较好地践行了上述原则。表4-3 显示了若干国家部分主要税种收入在中央政府与地方政府间的划分结果。由表 4-3 可知，关税无一例外被划为中央税；大多数国家将公司所得税、个人所得税和增值税归为中央税或中央与地方共享税；所有国家均将财产税作为地方税。

表4-3　若干国家中央与地方主要税种税收收入的划分

税种	国家			
	美国	加拿大	德国	日本
关税	联邦	联邦	联邦	中央
公司所得税	联邦、州	联邦、省	联邦、州	中央、地方
个人所得税	联邦、州、地方	联邦、省	各级	中央、地方
增值税		联邦	联邦、州	中央
销售税	州	省		中央、地方
财产税	地方	地方	州、地方	地方
用户收费	各级	各级	地方	各级

资料来源：钟晓敏.地方财政学.北京：中国人民大学出版社，2001.

具体到中国的情况而言，我国是一个地域辽阔、国情复杂的单一制国家，其鲜明特点是：中央政府负责统筹确立某一特定时期的国家目标，承担着宏观决策者的角色；而地方政府层层向下，负责贯彻落实中央政府的意图，执行中央政府的决定。中央地方关系的这一模式意味着，政府间收入划分应当充分激发地方政府发展辖区经济和完善公共品和服务提供职责的积极性。

激发地方政府这两个积极性对政府间收入划分提出了不同的要求（吕冰洋，2018）。特别地，由于发展辖区经济进而获得政治晋升构成了地方政府的核心利益，故应当将能够充分刺激地方政府发展当地经济、产生于生产环节的税收收入划归地方政府；从提高公共品和服务质量视角看，则应将可以有效激发地方政府提供公共品和服务、产生于消费环节的税收收入划归地方政府。不过，在经济进入新常态、由高速增长转变为高质量发展的新阶段，人民日益增长的美好生活需要和不平衡不充分的发展之间的矛盾成为社会主要矛盾，这对地方政府提供公共品和服务提出了更高的要求。

因此，我国政府间收入划分应总体坚持按税种本身性质划分的原则。在此基础上，地方税的建设要着重强调受益原则，以调动地方政府完善公共品和服务提供职责的积极性。

二、政府间收入划分的现状与基本事实

我国现行政府间收入划分基本框架奠定自 1994 年分税制改革。如第二章所述，分税制主要针对中央政府和地方政府之间的收入划分问题进行改革。这一改革使中央政府和地方政府的预算收入采用规则相对统一、固定分税种的划分方法，其一个突出的特点是，将税种划分为中央税、地方税和中央地方共享税。因此，本节从分税制改革后逐步形成的以收入分成为核心的政府间财政关系视角出发，考察我国

政府间收入划分的现状与基本事实。

（一）政府间收入划分的现状

1994 年分税制改革奠定了政府间收入划分的基本格局。此后，中央又数次微调，增减了部分税种，调整了部分税种的税率以及共享税在中央和地方间的分成比例等，逐步形成了今天的中央与地方税种划分框架，见表 4-4。[①] 可以看出，我国政府间税收收入的划分一定程度上遵循了税种自身的性质和受益范围的大小这两个原则，且主要采用共享税分成的方法。

表4-4　我国政府间税种划分现状

中央税	地方税	共享税
车辆购置税、船舶吨税、关税、海关代征的进口环节增值税、消费税（含海关征收的消费税）	城镇土地使用税、耕地占用税、土地增值税、烟叶税、房产税、车船使用税、契税、环境保护税	增值税、企业所得税、个人所得税、城市维护建设税、资源税、印花税

注：在共享税中，增值税中央和地方共享比例是 50%∶50%；企业所得税和个人所得税是 60%∶40%；城市维护建设税中由铁道部门、各银行总行、各保险总公司集中缴纳的属于中央政府，其余部分属于地方政府；资源税中海洋石油资源税属于中央政府，陆地资源税属于地方政府；印花税中证券交易印花税属于中央政府，其余部分属于地方政府。

具体而言，由于维护国家权益、实施宏观调控的职能归属于中央政府，故将关税、进口环节增值税划为中央税；不同的是，消费税按照受益原则理应划归地方政府，我国则属于中央政府。这主要是因为我国的消费税是选择性消费税，着重体现政府的调节职能。需要指出的是，为了进一步理顺政府间财政关系，"十四五"规划明确提出下

[①] 分税制改革后，较大范围的政府间收入调整包括但不限于以下几点：2002 年的所得税收入分享改革（见国发〔2001〕37 号）；自 2006 年起全面取消农业税；2012 年于上海试点并在 2016 年全面推开的"营改增"等。

一步将消费税征收环节后移并稳步下划；房地产税（未全面推行）具有税基稳定和典型的辖区内居民受益性质，划归地方政府；城镇土地使用税、耕地占用税、土地增值税、烟叶税、车船使用税、契税和环境保护税等也属于地方政府。

　　将具有较强流动性税基、在地区间分布不均衡以及与经济发展密切相关的税收收入由中央和地方按照一定比例共享，且中央共享比例不低于地方，即将增值税、企业所得税和个人所得税等主体税种采用中央和地方共享的方式。其中，2002 年实施的所得税收入分享改革，将中央和地方分享的企业所得税和个人所得税比例由之前的50%：50% 调整至 60%：40%。在全面推开"营改增"改革之后，将原属于地方收入的营业税以及中央和地方按照 75%：25% 分享的增值税，统一调整为中央和地方按照 50%：50% 的比例分享。

　　上述政府间税种划分格局有效地调动了地方政府发展经济的积极性。图 4-1 给出了 2019 年地方政府税收收入中的主要税种占比情况，从中可以看出，增值税、企业所得税和个人所得税等主体税种占比之

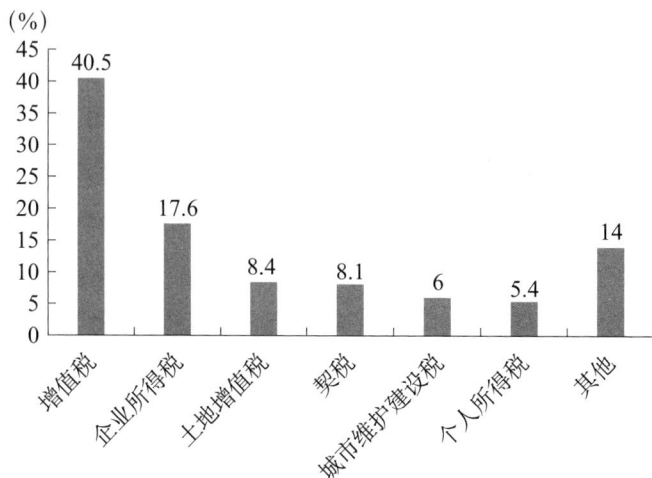

图 4-1　2019 年地方政府税收收入中的主要税种占比情况

资料来源：国家统计局 . 中国统计年鉴 2020. 北京：中国统计出版社，2020.

和超过 60%。同时，中央税收收入中国内增值税、企业所得税和个人所得税占比之和更是高达 75.5%。这意味着将增值税、企业所得税和个人所得税按照企业生产地原则实行中央和地方共享，有效刺激了地方政府招商引资、扩大当地企业规模并更好地服务于辖区内企业的动机，从而促进了全国就业，拉动了 GDP 的快速增长，也为全国财政收入规模的迅速提高提供了保障。

需要指出的是，这一政府间税种划分格局在推动地方经济发展的同时，也在一定程度上扭曲了地方政府的行为，集中表现为重企业生产而轻居民服务。无论是增值税还是企业所得税，其征税对象均主要是企业，仅个人所得税和契税的征税对象主要是个人。图 4-1 表明，增值税和企业所得税占地方税收收入的比重超过 50%，这就导致地方政府倾向于将公共资源投向企业，尤其是，当企业利益与居民个人利益发生冲突时。例如，地方政府为了招商引资，特意压低工业用地价格、抬高居民住房价格。地方政府还往往加大对辖区内企业的财政支持力度，对当地的支柱产业更是如此，而有时这种支持显然是不合理的。相反，对辖区内居民的民生性支出则存在明显不足。傅勇和张宴（2007）利用省级面板数据实证发现，中国式分权在有效激发地方政府"为增长而竞争"的同时，加剧了轻人力资本投资和公共服务的支出结构扭曲。贾俊雪和宁静（2015）利用县级面板数据同样证实，地方政府倾向于将增量财政资金用于建设性支出而非民生性支出，这与新发展阶段建立以"人"为核心的公共服务体系的要求尚有差距。

（二）政府间收入划分的基本事实

1. 全国财政收入占 GDP 的比重有效提升

分税制改革奠定了财政收入的稳定增长机制，实现了经济快速发展与财政实力稳步增强的良性循环，为积极贯彻落实党和国家各项重大战略部署、扎实推进经济社会各项事业稳定发展、合理应对错综复杂的国内外严峻形势提供了坚实保障（刘昆，2020）。税收收入的快速增长也使得地方政府拥有更多财力为大量的基础设施建设和民生支出提供足够支持。

图 4-2 和图 4-3 分别显示了全国财政收入和全国税收收入占GDP 的比重的变化情况。从图 4-2 可以看出，整体而言，在分税制改革前，全国财政收入占 GDP 的比重呈现下降态势。在 1994—2019 年间，财政收入呈现出稳步上升的态势，增长了 36 倍，即由 1994 年的 5 218 亿元增长至 2019 年的 19 万亿元；自 2020 年以来，出现了一个月的财政收入超过 2000 年全年财政收入（1.34 万亿元）的现象；1994—2015 年间，全国财政收入占 GDP 的比重由 11% 提高至 22%；自 2015 年以来，全国财政收入占 GDP 的比重出现下滑趋势，在 2020年降至 18%。

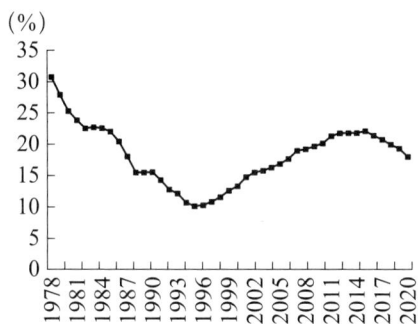

图 4-2 全国财政收入占 GDP 的比重　　图 4-3 全国税收收入占 GDP 的比重
资料来源：历年《中国统计年鉴》。

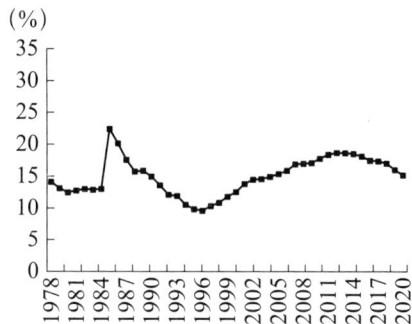

由图 4-3 可知，在 1985 年之前，全国税收收入占 GDP 的比重基本保持不变，维持在 13% 左右；1985 年"利改税"导致全国税收收入占 GDP 的比重迅速上升至 22.4%，此后呈现出逐年下降的态势；在1995—2012 年间，全国税收收入占 GDP 的比重逐年攀升，由 9.8% 增

加至 18.7%；自 2012 年以来，全国税收收入占 GDP 的比重出现下滑趋势，在 2020 年降至 15.2%。

综合来看，分税制改革扭转了全国财政收入占 GDP 的比重下滑的趋势，表现为分税制改革之后，全国财政收入和全国税收收入规模急剧扩张，两者各自占 GDP 的比重也快速增长。这主要是因为，分税制改革确立了清晰而又灵活的财政分权制度，使地方政府自己承担税收收入的风险和收益，有效激发了地方政府努力汲取收入的活力，对地方政府形成了明显的激励（吕冰洋、郭庆旺，2011）。此外，在分税制改革之前，税收征收率极低，存在将近50%的空间可以提高，这意味着分税制改革在孕育和诞生之初便具有巨大的"征管空间"（高培勇，2006）。

不过，近些年这一现象发生了显著变化，具体表现为：自 2012 年起，全国税收收入占 GDP 的比重开始下滑；自 2015 年起，全国财政收入占 GDP 的比重也开始下滑。其可能的因素主要有：（1）受国际金融危机的持续冲击，企业效益下滑，经济增长放缓。特别是，现阶段我国正面临经济进入新常态、经济下行压力较大的事实，GDP 由21 世纪前十年的两位数高速增长降至个位数的平稳增长。（2）我国实施了大规模的结构性减税降费政策，据统计，在"十三五"期间，新增减税降费金额累计达 7.6 万亿元左右。特别是，2019 年我国实施了新一轮更大规模的减税降费政策，全年新增减税降费金额达 2.36 万亿元。（3）新冠疫情的反复冲击，致使很多企业尤其是中小企业停工、停产，甚至破产、倒闭。

2. 中央财政收入占比保持在合理水平

在分税制改革之后，中央财政收入的比重明显提高，从根本上扭转了分税制改革之前中央财政收入占全国财政收入比重下滑的局面。图 4-4 给出的是自 1978 年以来中央和地方财政收入占比情况。结果显示，中央和地方财政收入占比出现了较为明显的变化，具体可以划分为 4 个区间：（1）1978—1984 年间，中央财政收入占比稳步上升，与之相反，地方财政收入占比则逐年下滑；（2）1985—1993 年间，中央财政收入占比逐年下降，地方财政收入占比则呈现出不断攀升的态势；（3）1994—2010 年间，中央和地方财政收入占比维持在一个相对稳定的平行趋势下，且这一时期中央财政收入占比倾向于高于地方；（4）2011 年地方财政收入占比首次超过中央，此后继续上升至相对稳定的水平。

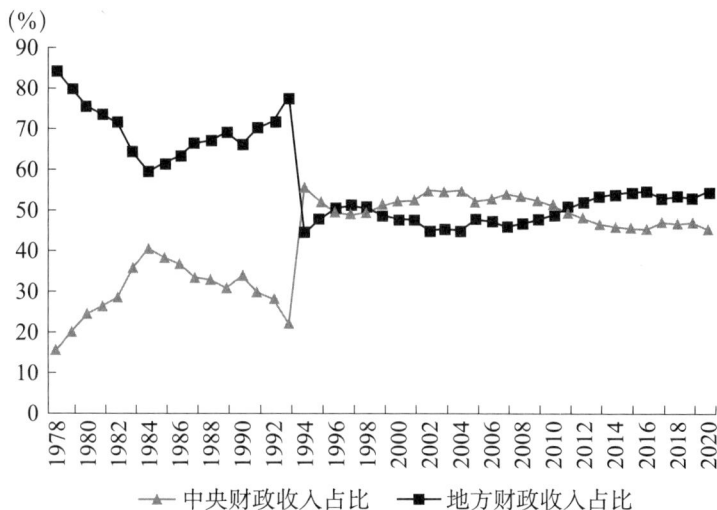

图 4-4　中央和地方财政收入占比情况

资料来源：历年《中国统计年鉴》。

中央和地方财政收入占比的相对变化与我国财政体制的变革高度一致。其中，1978—1984 年间中央财政收入占比不断上升主要在于两项制度外因素：一是中央向地方借款后没有偿还（杨瑞龙，1998）；二是 1982 年国务院发布了《国家能源交通重点建设基金征集办法》，决定自 1983 年起开征能源交通重点建设基金。1985—1993 年间主要实行"分灶吃饭"的财政包干管理体制，这一体制通过财政分权的方式赋予地方政府一定的自由裁量权和资源配置权（杨瑞龙，1998）。地方与中央的分享比例一经谈判确定便维持五年不变，这意味着地方政府可以通过大力发展当地经济而获得更多的财政收入"剩余索取"，中央政府则不能共享经济增长的益处，其财政收入占比自然下降。

1994年分税制改革打破了地区之间的壁垒，地方政府通过财政包干和企业留利等方式获取财政收入的制度空间被关闭。此后，中央和地方间财政收入采取规则相对统一、固定分税种的划分方法，政府间的税收权力边界较为明晰，对地方政府财政行为形成了明显的约束。同时，国税局和地税局的分设使得中央和地方各自拥有税种的大部分征管权，避免了在税收征管过程中中央和地方信息不对称和无休止讨价还价的局面。[①]2002年实施的《所得税收入分享改革方案》规定，中央与地方的所得税收入分享比例由2002年的50%∶50%调整为2003年的60%∶40%，中央又从地方手中获取一部分所得税收入，进一步加强了中央的财力，导致中央财政收入占比再次提高。

自2011年以来，地方财政收入占比超过中央主要是因为我国经济总体增速柔性下滑导致税基受到较大影响。税收收入在中央财政收入中的占比较高——达90%之多，地方财政收入中这一比重相对较低——约为80%，这意味着在经济增速下滑的背景下，地方政府将更多地通过非税收入等多种手段获取财政收入以减缓财力下滑。特别是，近年来中央出台了多项民生政策，地方财政支出压力增大、财政

---

① 需要说明的是，为了保障国家财政收入，提高各级政府税收努力，在分税制改革之后，出现了国税局和地税局两个系统并存的结构。近年来，为有效降低税务机关的税收征管成本、提高税收征管效率，更重要的是为降低纳税人的纳税成本、提高纳税服务质量、增强纳税人的满意度和获得感构建一个规范、高效、统一的税收征管体系和纳税服务体系，自2018年起，国税、地税机构合并。

吃紧、收支矛盾明显加剧，这也导致地方非税收入过快增长。

综合而言，分税制改革之后，经过多次分配格局的调整，我国提高了中央财政收入占比，形成了较为稳定的政府间财政收入划分格局。中央财政收入占比为47%左右，基本保持在合理区间（刘昆，2020）。政府间税收收入占比的变动趋势也为上述观点提供了一定的支撑证据。图4-5显示的是自1992年以来，全国税收收入中中央和地方各自所占比重的变化情况。（1）分税制改革之后，中央税收收入占比迅速上升，并超过地方。（2）2002年所得税收入分享改革之后，中央税收收入占比进一步提高。（3）2007—2012年间，地方税收收入占比呈现出逐年上升的态势，究其原因，主要是在这一期间营业税收入在地方税收收入中占比提高（平均超过33%，显著高于以往年份），特别是受2008年国际金融危机的影响，共享税收入出现了较为剧烈的波动，营业税收入的波动则较为缓和。（4）自2016年以来，中央和地方税收收入占比变化不大，整体趋势是地方税收收入占比

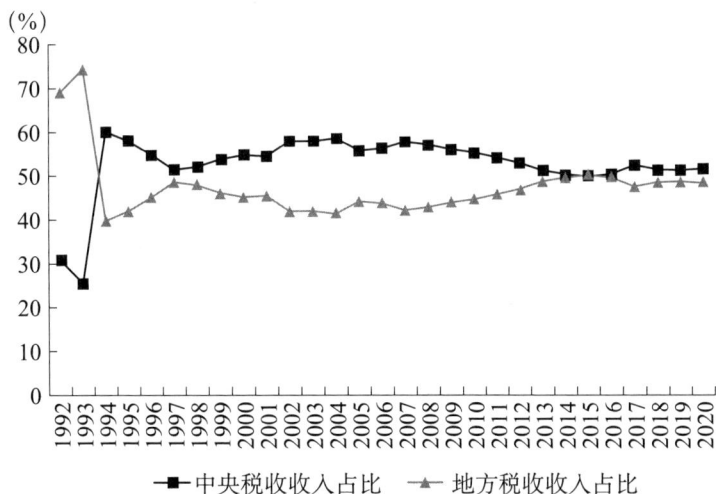

图4-5 中央和地方税收收入占全国税收收入的比重

资料来源：历年《中国财政年鉴》。

略低且有所下降，由 2015 年的 50.16% 降至 2016—2020 年间平均的 48.57%，这主要是由"营改增"改革和新一轮更大规模的减税降费所导致的。（5）在地方政府层面，在 2011 年进行"营改增"改革试点之前，地方税收收入中营业税和分享的增值税收入之和占了 50.16%，2017 年全面推开"营改增"改革之后，地方分享的增值税收入占地方税收收入的比重降至 41.08%。

3. 区域间财政收入差异显著

图 4-6 显示的是 2019 年全国各省份财政收入。（1）各地区间财力分布具有明显的部分省份集中率偏高的特征，突出表现为：2019 年广东省财政收入超过 1.2 万亿元，占地方财政收入的比重高达 12.5%，接近中西部地区总和的三分之一；经济发达地区的财政收入普遍超出经济欠发达地区财政收入的 1 倍以上，例如，上海市是安徽省的 2.25 倍、是贵州省的 4.05 倍。（2）区域间财力分布差异显著。具体而言，2019 年东部地区九省份的财政收入占地方财政收入的比重超过 60%，

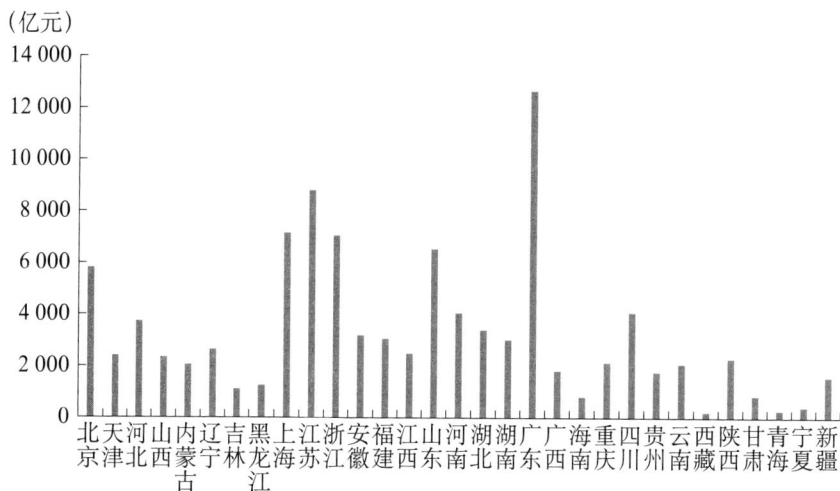

图 4-6　2019 年全国各省份财政收入

资料来源：国家统计局 . 中国统计年鉴 2020. 北京：中国统计出版社，2020.

中西部地区则仅占不到 40%。①

从地区间税收收入的分布可知：不同省份的税收收入存在较为明显的差异，税收收入主要集中在东部地区。以 2019 年为例，在地方税收收入总和中，东部地区九省份占了 58.4%（见图 4-7）。特别地，增值税、企业所得税和个人所得税三个共享税收入更是占了高达 62% 的比重。这一区域间财力分布格局主要是区域经济发展状况和现行政府间收入划分制度综合导致的既得利益结果。不同地区拥有的自然资源禀赋、所处的地理位置以及采取的地区经济发展模式不同，导致地区间产业结构布局和经济增长速度存在差异。特别地，东部地区地理位置优越、营商环境良好、商业组织众多、市场交易活跃，这会使得大量的人力资本和物质资本纷纷流入其中。例如，即使省份间存在税收竞争，工业化程度较高的省份仍能以较高的平均有效税率吸引大量外资

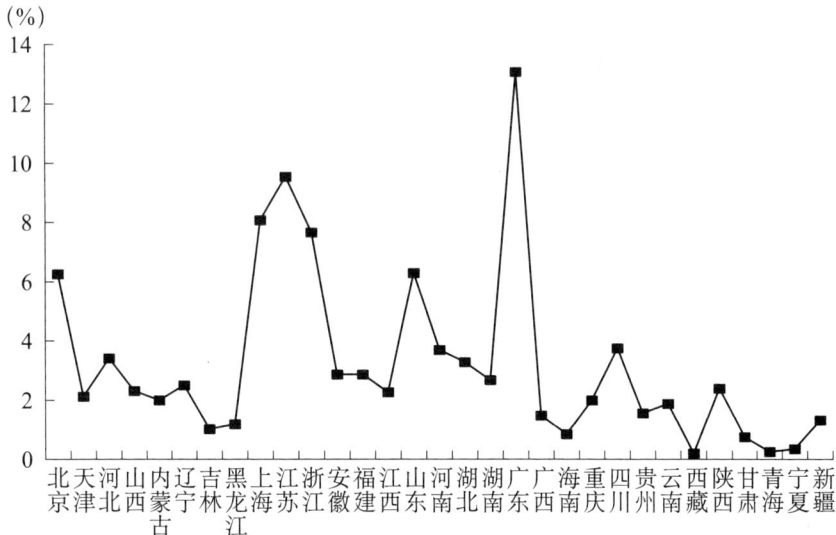

图 4-7 2019 年全国各省份税收收入占比

资料来源：国家统计局 . 中国统计年鉴 2020. 北京：中国统计出版社，2020.

---

① 东部地区包括北京、天津、辽宁、山东、上海、江苏、浙江、福建、广东等九个省份。

（Liu and Martinez-Vazquez，2014）。在地方政府可以根据企业所在地来分享增值税和所得税等主体税种的现行政府间收入划分制度下，这极大地刺激了地方政府发展经济的积极性，也因而带来了区域间财力不平衡的局面。需要指出的是，区域间财力格局的失衡虽然是特定阶段国家的战略选择，但长期来看，这一失衡状态则倾向于抑制经济质量的提升，也会对政府间收入划分调整等财政体制的变革产生阻力（白景明，2015）。

三、政府间收入划分体系的建设方向

如同本书第二章所述，中国历次财政体制改革特别是改革开放以来的财政体制改革，主要是围绕政府间收入划分进行的。这很大程度上源于政府间收入划分对地方政府行为具有巨大的激励作用，可以充分调动中央和地方两个积极性的发挥。自1978年改革开放以来，随着我国发展战略转变为以经济建设为中心，中央改变了之前以政治表现为主的官员评判标准，逐步建立健全了以增长绩效为核心的干部考核和选拔体系。这一政治晋升机制的转变使得地方政府的政治利益与经济利益保持了较高的一致性，以经济增长为核心的地方政府的政治利益动机逐步形成并日益强化，而不同的政府间收入划分改革决定了地方政府实现这一根本利益的政策手段的差异。

自1994年分税制改革以来，地方政府获取的税收收入主要源自生产性税基的税收分成，各级政府尤其是中央和地方政府间在财政收入划分上形成了一个"弹性契约"。这一财政体制激励地方政府将公共资源投向企业（Lv，Li and Li，2020），而对辖区内居民的民生性投入不足。这既是中国经济在过去高速增长的制度保障之一，也是过去经济粗放型增长的诱因之一。然而，自党的十八大以来，中国特色社会主义进入新时代，我国社会主要矛盾转化为人民日益增长的美好生活需要和不平衡不充分的发展之间的矛盾，我国经济转向高质量发展阶段。在新的历史时期，我国迫切需要地方政府转变职能以实现经济社会全面协调的高质量发展模式。特别是，在以增长绩效为核心的干部考核和选拔体系下，地方政府对辖区内用于民生性公共品和服务的支出尤显不足，而地方政府又往往需要承担大量基础教育、医疗卫生和社会保障等基本公共品和服务的提供职责，并且随着经济社会发展水平的提高，人们对这些民生性公共品和服务需求的呼声越来越高，这些公共品和服务对经济社会高质量发展的作用也越来越大。

由此可见，规范地方政府行为，促使地方政府转变职能的根本在于政治激励约束的优化完善，以及与之目标兼容、激励相容的政府间收入划分体系的确立。

（一）坚持分税制基本原则，适当调整共享税比例

现行政府间收入划分制度将税基流动性较强的税种划为中央和地方共享。实践表明，这有利于发挥中央和地方两个积极性并实现"双赢"。在今后理顺政府间收入划分关系的过程中，如果将某个共享税种变为由中央独享，势必会对地方财政收入带来强烈的冲击；如果将某个共享税种变为由地方独享，则可能出现地方政府封锁市场以稳定辖区内税收收入来源的现象，也会对全国统一市场的形成构成一定的威胁。此外，从纵向财政失衡角度看，市级政府和县级政府对共享税收入的依赖程度高于省级政府。倘若将某个共享税种划由一级政府独享，市级政府和县级政府的反应将会更加强烈。因此，坚持现有分税制的基本原则有利于维持中央和地方既有财力格局的相对稳定，并保证了地方政府的既得利益和激励来源。

在此基础上，党的十八届三中全会明确提出我国下一步税制改革

的方向是要逐步提高直接税比重，这对现有政府间收入划分格局又提出了新的要求。我国直接税收入占税收总收入的比重已经从 2011 年的 28.4% 逐步提升至 2020 年的 34.9%。鉴于直接税的主体税种是企业所得税和个人所得税，这意味着提高直接税比重倾向于扩大中央和地方间财政收入差距。因此，要想维持政府间收入划分的稳定，有必要将其与税制改革有效衔接。这就要求在翔实测算税制改革引起的政府间税收收入增减数额的基础上，适当调整共享税的比例以及税种划分格局，同时，综合考虑税制改革引致的区域间税收收入变动情况，决定将哪些税种划归地方政府。

（二）转向以居民和消费地为核心的税收分享体系

如前所述，国内增值税、企业所得税、土地增值税、契税、城市维护建设税和个人所得税在 2019 年全国地方税收入中位居前六位，其中，国内增值税的比重高达 40.5%。可见，地方财政收入主要依赖按照生产地原则、由企业缴纳的税收，这不利于辖区内民生性公共品和服务的完善。一个可行的替代方案是，改变现行根据地方政府征收的增值税收入进行分配的共享方法。具体而言，兼顾受益性的总体原则，按照不同地区消费者对增值税收入的贡献程度，由生产地原则改为消费地原则进行政府间分配；然后，可以综合考虑不同地方政府原有获取财政收入的能力、辖区内人口数量、基本公共品和服务的供给与需求现状等因素，一定程度上起到平衡区域间财力失衡的作用（刘怡、袁佳，2015）。结合以上原则，建议通过制定一套明晰的计算公式来确定政府间增值税的分享数额。例如，在统筹考虑不同地区移民人口数量、被淹没的土地面积以及在水电项目维护运作中承担的公共支出成本等多种因素的基础上，在三峡等电力企业的增值税收入跨区域分配中，将共享的部分按照明晰的公式进行分配（财预〔2008〕

84 号）。

这一分享方式的转变有助于削弱地方政府盲目投资、重复建设的经济动机，激励地方转变经济增长模式，减少对社会资源的过度占用，鞭策地方政府从消费者角度发展经济，更多地为辖区内居民的生活消费服务，促进企业由传统的盲目生产向为满足居民的消费需求而生产的合理转变，缩小区域间发展的失衡程度。同时，这一转变也是由消费在经济中的重要作用决定的。近年来，消费对经济增长的解释力度越来越受到关注，对经济增长的拉动作用也越来越凸显。特别地，2019 年的经济数据显示，在 6 个百分点的 GDP 增长率里，消费的拉动作用为 3.5 个百分点，消费对经济增长的解释力度高达 57.8%，消费已经连续 6 年成为我国经济增长的第一驱动力。此外，"十四五"规划也明确指出，要"全面促进消费"，"增强消费对经济发展的基础性作用"。这是立足新发展阶段、贯彻新发展理念、构建新发展格局、实施扩大内需战略的迫切要求，也是坚持以人民为中心的发展思想、解决人民日益增长的美好生活需要与不平衡不充分的发展这一基本矛盾的应有之义。

不过，将增值税分享原则由产品生产地转向居民消费地依赖于对商品消费额的精确统计（刘怡等，2021）。在现行的各类消费统计指标中，社会消费品零售总额应用最广。值得注意的是，这一指标中的服务消费仅包含餐饮消费，缺少对诸如教育、医疗以及金融中介等服务消费的统计。特别是，随着互联网技术的发展，出现了许多基于数字技术的新型消费模式。因此，结合经济增长模式的转变，建议将以企业和生产地为主要依据的税收分享机制转向以居民和消费地为核心的税收分享机制。同时，制定一个可以全面、准确反映居民实际消费规模、消费结构、消费变化等发展趋势的指标，以加强对消费的精确统计。

（三）改革消费税征收和划分体系

2019 年 9 月 26 日出台的《国务院关于印发实施更大规模减税降费后调整中央与地方收入划分改革推进方案的通知》（国发〔2019〕21 号）提出，要后移消费税征收环节并稳步下划地方，拓展地方收入来源，引导地方改善消费环境；改革调整的存量部分核定基数，由地方上解中央，增量部分原则上归属地方。这不仅对于缓解地方财政困难进而理顺政府间财政关系具有重要意义，也有助于支持地方政府有效落实减税降费政策。不过，要稳步推进这一改革，需要重点解决如下两个问题：（1）消费税征收环节后移的税收征管；（2）下划地方时税基的确定。

考虑到消费税的征管难度和征管效率问题，其主要是在生产、委托加工和进口环节征收。消费税征收环节后移预示着税务机关的集中监管对象将由重点税源企业转向大量分散的批发商和零售商，为此，需要明确现行的消费税税目中哪些具备征收环节后移的征管要求。就我国现行的 15 个消费税税目而言，有 12 个具备征收环节后移条件（见表 4-5）：（1）烟和鞭炮、焰火。这两个税目具备专卖品特征，便于税务机关基于互联网技术进行信息化管理。（2）登记管理制度较为完善的摩托车和小汽车。这两类商品的购买和使用均需要注册和登记。（3）属于高档消费品或者耐用品的高档化妆品、贵重首饰及珠宝玉石、高档手表、游艇、实木地板、高尔夫球及球具。这 6 个税目可以通过开具消费环节的发票进行管理。（4）成品油。由于我国加油站均安装了税控加油机，这使得成品油消费税的征收可以改在销售环节。（5）生产、流通具有严格管理特征的酒。电池、木制一次性筷子和涂料由于价格相对较低以及监管不完善等原因不适宜将其征收环节后移。

表4-5 消费税征收环节后移

	税目	特征
适合征收环节后移	烟和鞭炮、焰火	专卖品
	摩托车、小汽车	注册登记使用
适合征收环节后移	高档化妆品、贵重首饰及珠宝玉石、高档手表、游艇、实木地板、高尔夫球及球具	开具消费环节的发票
	成品油	税控加油机
	酒	生产、流通严格管理
不宜征收环节后移	电池、木制一次性筷子、涂料	价格低、监管不完善

注：贵重首饰及珠宝玉石税目下的金银首饰、铂金首饰和钻石及钻石饰品子税目，小汽车税目下的超豪华小汽车子税目已经在零售环节征收。

与此同时，消费税征收环节后移会使区域间财力失衡程度进一步加剧。特别地，以卷烟为例，根据王文甫和刘亚玲（2021）的测算，20个省份的消费税附加税收入提高，广东省增加最多，天津市增加最少；剩余省份的消费税附加税收入降低，云南省和湖北省减少最多，吉林省减少最少。究其原因，广东省消费卷烟较多，云南省和湖北省则是重要的生产基地，消费能力不足。

此外，现阶段，无论是在生产环节还是销售环节征收的消费税，均划归中央。在将其稳步下划地方的过程中，要充分考察税收基数的核定问题。一是按照各个省份当前或者最近几年向中央上解的消费税数额，这自然而然地将地方政府的消费税收入与该地区资源禀赋优势紧密联系在一起，可能会引发地方政府干预企业经营、蓄意操纵税源分布等恶性竞争；也往往激励地方优先发展烟、酒等对消费税收入贡献较大的产业，不利于产业结构转型和升级。二是按照各个省份不同消费税税目的消费量进行核算，这可能产生地方采取措施刺激当地奢侈品消费以扩大税基的扭曲效应，进而背离消费税调节消费的初衷。

总的来看，结合每个消费税税目特征，笔者建议：（1）将除电池、木制一次性筷子和涂料之外的 12 个消费税税目征收环节后移。特别地，一个较为合理、切实可行的实施方案是，根据可操作性，逐步将不同税目甚至子税目的消费税征收环节依次后移。（2）根据消费品生产地和消费地计算出下划地方时的合理基数，以尽可能减弱区域间财力的失衡程度。（3）鉴于在将增量部分下划地方时可能出现的逆向选择风险，将消费税由价内税改为价外税，在商品的销售价格标签中分别列出不含税价格、增值税税额和消费税税额，增加税收的显著性，进而提高消费者的纳税敏感度，真正发挥消费税的消费引导作用。（4）针对消费税下划地方后的用途，将其引入专项使用机制，例如，专项用于节能减排和环境保护。

（四）推进房地产税作为地方税主体税种

为积极稳妥推进房地产税立法与改革，引导住房合理消费和土地资源节约集约利用，促进房地产市场平稳健康发展，2021 年 10 月 23 日召开的第十三届全国人民代表大会常务委员会第三十一次会议决定，授权国务院在部分地区开展房地产税改革试点工作。[①] 房地产税具有悠久的历史，世界各国普遍征收，在一国税收收入中占有重要地位。图 4-8 显示的是 2018 年经济合作与发展组织（OECD）主要国家房地产税占全国税收收入的比重。由图 4-8 可知：英国、加拿大、美国和韩国这一比重较高，超过了 10%；整个 OECD 国家平均水平为5.61%。房地产税占地方税收收入的比重平均达 40.6%，澳大利亚地方政府的税收收入全部是房地产税，这一比例高达 100%。

---

① 全国人民代表大会常务委员会关于授权国务院在部分地区开展房地产税改革试点工作的决定. 中国政府网，2021-10-23.

(%)

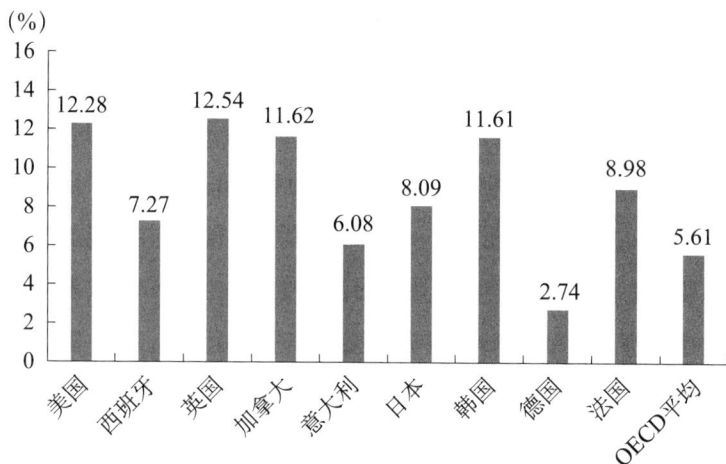

图 4-8　2018 年主要国家房地产税占全国税收收入的比重
资料来源：OECD 数据库。

　　根据政府间收入划分的受益原则，房地产税适合作为地方主体税种。这样可以有效激发地方政府为辖区内居民提供优质的公共品和服务。同时，对地方政府而言，房地产税税基相对稳定、税收收入较为持续且可以预测。考虑一种简单的情形，如果我国房地产税占全国税收收入的比重达到 OECD 平均水平，即 5.61%，这意味着 2018 年地方财政收入将增加 9 000 亿元，这将在一定程度上缓解地方政府的财政压力。

　　需要指出的是，房地产税的开征涉及居民切身利益，社会影响较大。要想让征收房地产税落到实处，一些可行的建议包括：（1）设定较低的房地产税税率并辅之以较大范围的房屋免征额度，以此将纳税主体限制在房产数量较多或者房屋面积较大的少数群体之中。例如，可以制定相应的累进税率，对居民拥有的第 2 套房、第 3 套房甚至更多套房征收较高的税率；制定合理的房屋免税面积和恰当的税收优惠政策，可将上海市人均 60 平方米的免税面积措施在全国范围内推广，并做出一定的调整；对首套房免征或者只征收超过免征标准的那一部分。（2）房地产税征收方案的制定应当让广大民众踊跃参与、积极讨论、建言献策，房地产税税基和税率的确定要充分反映广大民众的意愿，让辖区内居民切实感受征收房地产税引致的身边公共品和服务的改善。特别地，鉴于地方政府更清楚辖区内居民的需求偏好，更能精准获取房地产相关信息，可以给予地方适度自主制定的权力。不过，与其他税种相同，房地产税的制定也要严格遵循税收法定主义原则，仍需要由人大制定条款或者经人大常委会审议。（3）地方财政预算制度的改革需要与房地产税的开征同步进行，特别地，地方政府应当使财政预算的制定过程更加公开透明、执行过程受到广泛监督（郭庆旺、吕冰洋，2013）。

第五章
实现地区均衡发展的政府间
转移支付制度

政府间转移支付制度作为财政体制安排的重要组成部分，是应对政府间财政事权和财权划分不统一的必要制度性安排。伴随着1994年分税制改革对政府间财政事权和支出责任的划分，我国确立了正式的财政转移支付制度。此后，中央不断改革完善转移支付内容、优化调整转移支付结构，基本形成了以一般性转移支付为主体，共同财政事权转移支付和专项转移支付协调配合的较为合理的转移支付体系。本章旨在讨论转移支付制度设计的基本原则，阐述我国现行政府间转移支付制度的实施情况和基本事实，并在此基础上讨论新发展阶段下我国政府间转移支付制度的建设方向。

一、政府间转移支付制度的基本原则

在一个多级政府体制下，政府间财政事权与支出责任划分、收入划分有其遵循的理论上的指导原则（如本书第三、第四章所述）。依据这些原则所进行的政府间支出与收入划分的结果往往带来收支划分在不同层级政府间的不匹配问题。在现实中，这种收支划分不匹配的问题更是普遍存在。正是基于这种情况，政府间转移支付制度成为各国财政体制设计的关键环节之一。从理论上看，政府间转移支付制度的设计应当遵循以下四个基本原则。

（一）解决财政纵向失衡问题

财政纵向失衡是指上下级政府间财政收支的不平衡，主要是由政府间财政事权和收入划分不对等所导致。在收入划分上，很多国家往往将税基大、税源广的大税种划归中央政府，而将一些零星小的税种划归地方政府。在财政事权划分上，各国的普遍做法是将涉及国家主权、社会稳定、市场统一以及受益范围覆盖全国的重大财政事权，交由中央政府来承担，如国防、外交、宏观经济管理等职能；而将较多的具体地区性公共服务交由地方政府承担。这一财政事权和收入划分造成的结果是：地方政府承担了大部分的支出责任，但只获得了小部分收入；中央政府集中了较多的财力，但只承担了小部分的支出责任，从而造成了政府间收支关系的结构性失衡。1994年分税制改革之后，财权上收和事权下移导致中央财政收入在初次分配中的占比超过财政支出，收支存在结余；地方财政收入在初次分配中的占比则远低于财政支出，收支缺口巨大，存在较为严重的纵向财政失衡问题（Jia et al.，2021）。因此，中央政府需要通过政府间转移支付来弥补地方财政收支缺口，平衡中央和地方的预算关系。

（二）解决财政横向失衡问题

财政横向失衡是指同级地方政府间收支水平差异化下所导致的地区间公共服务水平的不平衡。一方面，受财政体制、经济发展水平、自然环境、人口状况等多种因素影响，不同地区间财政收入能力存在着客观上的差异，发达地区往往财政收入相对充沛，贫困地区财政状况则相对拮据。另一方面，国家有责任为不同地区居民提供均等化的基本公共服务，而这与地区间财政收入能力的客观差异产生了矛盾。出于实现区域间基本公共服务均等化的目标，中央政府有责任在弥补财政纵向失衡的同时，弥补财政横向失衡，缩小地区间基本公共服务水平提供能力的差异，从而保障所有公民都能享受到基本的公共服务。因此，中央政府需要通过转移支付降低地区间财力"贫富差距"，以保证地区间基本公共服务水平大体一致。

（三）解决地区公共品提供的外部性问题

这种外部性是指地区在提供公共品和服务时所带来的地区收益（成本）与社会总收益（成本）之间存在不一致。地方政府作为独立主体，出于本地利益考虑，仅会从自身辖区出发分析公共品和服务所带来的成本和收益，而不会考虑社会总体的成本和收益，导致公共服务投入水平被低估或高估。如在大气污染治理、省际道路建设、基础教育等方面，受公共品外部性的影响，地方政府对具有正外部性的公共品和服务往往投入不足，而对具有负外部性的公共品和服务往往投入过度，这会对经济行为产生扭曲的激励效应。因此，中央政府需要通过转移支付来校正地方政府的决策行为，从而有效解决外部性问题。

（四）加强中央宏观调控能力

出于国家管理的需要，各国政府通常都划分为中央政府和地方政府等多个级次，在制度设计上存在着维护中央权威和国家统一的必要性。转移支付作为一种调控手段，中央政府通过掌控相对集中的财力，可以对资源进行合理配置，优化经济结构，调节地区经济发展，进而实现宏观调控目标。中国作为单一制国家，加强中央集权和维护中央权威具有现实必要性。实施分税制后，中央政府集中了全国大部分财力，提高了地方政府对中央财政的依赖度。因此，中央政府可以通过转移支付方式规范和监督地方政府行为，从而实现"全国一盘棋"的宏观调控意图。

二、政府间转移支付制度的现状与基本事实

（一）政府间转移支付制度的现状

1995 年过渡期转移支付办法的实行，标志着中国转移支付制度的开始。此后，经过二十多年的改革和制度调整，我国逐步形成了包括一般性转移支付和专项转移支付两大类的政府间转移支付体系。[①]

一般性转移支付指的是中央政府根据地方政府的财政收支状况，对有财力缺口的地方政府给予的补助。[②]特别地，一般性转移支付不指定资金的具体用途，地方政府可以按照相关规定统筹安排使用。在不同的历史时期，一般性转移支付所包含的具体项目内容和称谓几经调整，但其始终定位于均衡地区间财力配置，保障地方正常运转和加快区域协调发展。

---

① 在中央补助地方的收入中，除了转移支付还包括税收返还。税收返还是 1994 年分税制改革时为确保地方既定利益而做出的妥协，具体包括增值税和消费税返还、所得税基数返还、成品油价格和税费改革税收返还。中央对地方的税收返还按照来源地规则设计，在此规则下，各辖区获得的税收返还数额取决于向中央贡献的税收的多少，而不取决于各辖区的人口、人均收入、地理特征以及其他影响财政能力的因素。因税收返还在本质上旨在维持地方政府在分税制改革以前的既得利益，《预算法》将其与转移支付并列作为中央对地方的转移性收入，财政部在 2019 年以前的预决算报告中亦将其与转移支付分开统计。然而，从对资金使用有无指定用途的角度看，税收返还属于一般性转移支付；从 2019 年开始，财政部将其列入一般性转移支付的统计之内。

② 一般性转移支付金额按照规范的办法确定，给予的对象通常是中西部地区。

专项转移支付则是中央政府为了实现特定的经济和社会发展目标而无偿拨付给地方政府的财政资金。特别地，专项转移支付指定资金的具体用途，具有"专款专用"的特征，并且通常需要接受方提供一定的配套资金，它主要用于基础设施建设、农业、教育卫生、社会保障以及环境保护等方面。① 现阶段我国政府间转移支付的具体构成见图 5-1。

1. 一般性转移支付

（1）过渡阶段：1995—2001 年

在分税制改革初期，中央财政可用于财政转移支付的财力有限，要调整各地的既得利益也存在困难，同时在转移支付制度的设计方面，还面临数据不完整、测算方法不完备等技术性问题。考虑到现实条件尚不成熟，1995 年中央实行了过渡期转移支付办法。② 过渡期转移支付的基本思路是，中央政府每年将增加的中央财政收入的一部分预留出来，通过转移支付的形式提高边远少数民族地区和贫困地区的财力，调节这些地区的最低公共服务水平。借鉴国际的通行做法，按照以下步骤确定转移支付资金的分配额度：1）根据特定的客观因素和政策因素测算确定各地区相应的标准财政收入和标准财政支出③；2）计算确定各地区的标准财政收支差额，并将其作为转移支付资金的分配依据，这一做法较好地体现了规范和公平的原则。更为具体地，在测算确定标准财政收入时，中央政府根据不同税种之间的差异，采用"标准税基 × 标准税率"等方法；在测算确定标准财政支出时，中央政府主要按照地方政府的某些特定支出

---

① 需要说明的是，大多数专项转移支付资金根据客观因素进行分配，并且具有专门的管理方法。

② 该办法中提及的过渡期转移支付就是当下均衡性转移支付最初的存在形式和称谓。

③ 相应地，根据客观因素确定的转移支付称为客观因素转移支付额，而根据政策因素确定的转移支付则称为政策因素转移支付额。

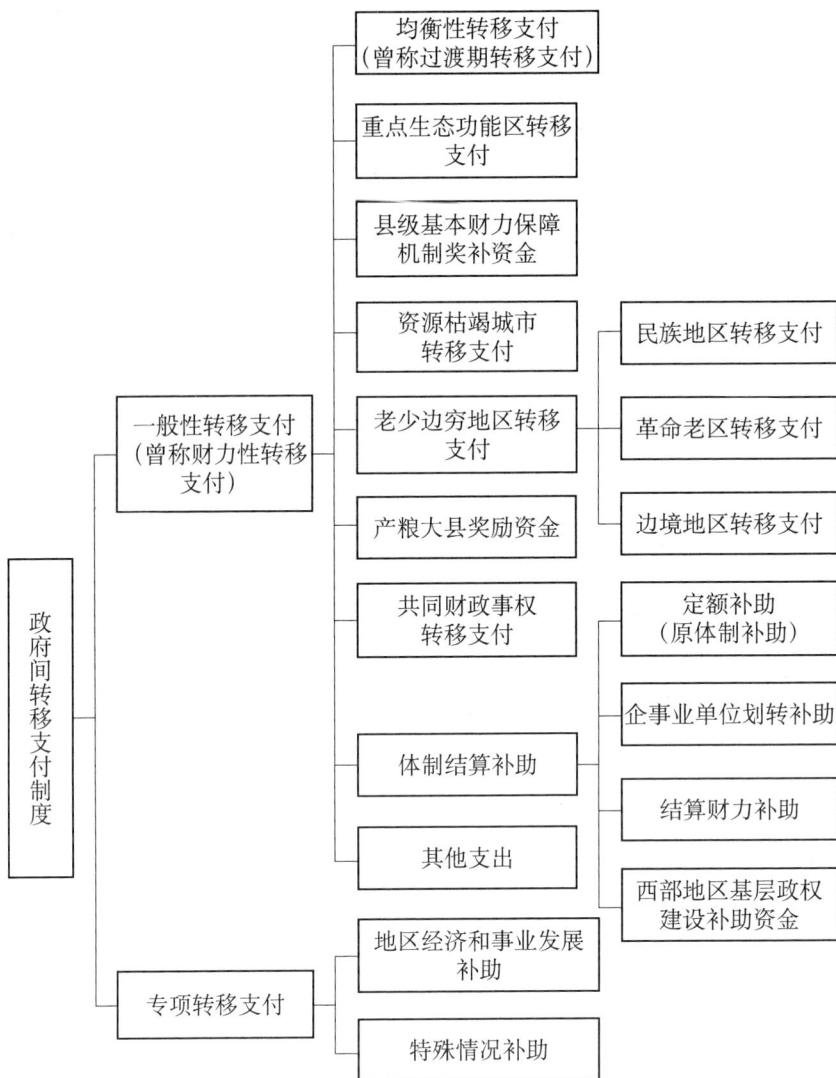

图 5-1 现阶段我国政府间转移支付制度的具体构成

分类，分别采用不同的方法。① 在计算确定的各地区标准财政收入和

---

① 地方政府的部分特定支出包括人员经费（不含卫生和城建系统）、公用经费（不含卫生和城建系统）、卫生事业费、城市维护建设费、社会保障费、抚恤和社会救济费、支援农业生产支出和农业综合开发支出。

标准财政支出差额的基础上，结合客观因素转移支付系数得到客观因素转移支付额；结合民族地区政策转移支付系数得到政策因素转移支付额。

整体上看，过渡期转移支付基于我国当时的现实国情并结合了国外的通行做法，展现了三个方面的优点：第一，没有触动地方的既得利益。在保持了分税制相对稳定性的前提下，过渡期转移支付并没有挫伤地方发展当地经济、汲取财政收入的积极性。第二，中央政府预留出财政收入增量中的一部分资金用于转移支付，并适当向边远民族地区和财力薄弱地区倾斜，这不仅有效支持了我国的民族政策，更重要的是有助于调和地方财政运行中的突出矛盾，适当缩小地区间存在的差距。第三，此方案相对于过去的体制补助等办法，在规范化、科学化方面迈出了重要一步。

（2）修正与完善阶段：2002—2011年

为进一步理顺政府间分配关系，缩小地区间财力差距，支持西部大开发战略的实施，中央在2002年实施了所得税收入分享改革——中央和地方分享的所得税比例由50%∶50%调整为60%∶40%，并明确指出将因改革而增加的收入全部用于对地方（主要是中西部）的一般性转移支付。这一做法不仅确立了转移支付资金的稳定增长机制，也为进一步规范转移支付制度创造了条件。鉴于此，中央从2002年开始将过渡期转移支付改称一般性转移支付①，而后随着其他一般性转移支付的设立，从2009年开始又进一步将其改称均衡性转移支付。与过渡期转移支付相比，均衡性转移支付的公式细化了"标准财政支出"和"标准财政收入"的标准，并适时增加了"增幅控制调整"和"奖励资金"，在规范性、公平性、科学性等方面都有突破性的进步。

───────────────

① 在2002—2008年这一时期，一般性转移支付这个概念特指原有的"过渡期转移支付"。

同时，民族地区政策性转移支付因素在"转移支付系数"中体现，不再单独核算。①

均衡性转移支付的目标被明确界定为：以缓解落后地区财政困难，维持政府机构运转为短期目标；以缩小地区间财力差距，实现基本公共服务均等化为长期目标。与此同时，对难以按统一公式量化但又必须解决的特殊问题或因中央政府出台减收增支政策形成的地区财政缺口，中央先后设立了一系列其他一般性转移支付，主要包括：用于支持民族地区发展的民族地区转移支付；弥补因农村税费改革引致的财力缺口的农村税费改革转移支付；缓解县级政府减收增支压力的县级基本财力保障机制奖补资金以及调整工资转移支付和体制性补助等。可以看出，这些其他一般性转移支付的主要目标均在于增强老少边穷地区地方政府的财力，促进基本公共服务均等化，它们与均衡性转移支付一道构成了现阶段我国一般性转移支付的主要内容。②

（3）新时代阶段：2012年至今

自2012年以来，随着我国步入中国特色社会主义新时代，为更好地贯彻落实建立现代财政制度的要求，加快推进地区间基本公共服务均等化目标的实现，中央进一步深化改革了一般性转移支付制度。具体做法主要包括一般性转移支付的清理整合和稳定增长机制的建立两个方面。在清理整合方面，将其他专项转移支付中的革命老区转移支付和边境地区转移支付剥离出来，调整并入原民族地区转移支付，统一称之为老少边穷地区转移支付。③将重点生态功能区转移支付从

---

① 2008年6月19日，财政部印发了《2008年中央对地方一般性转移支付办法》。《2011年中央对地方均衡性转移支付办法》详细界定了"标准财政支出"和"标准财政收入"的计算方法。

② 在2002—2008年这一时期，一般性转移支付被称为财力性转移支付。

③ 2012年，中央财政在原民族地区转移支付的基础上设立革命老区、民族和边境地区转移支付，并于2015年将其扩展为老少边穷地区转移支付。

均衡性转移支付中分离出来，设置为一般性转移支付独立子项目。此外，还将定额补助（原体制补助）、企事业单位划转补助、结算财力补助合并为体制结算补助，并将西部地区基层政权建设补助资金由其他专项转移支付调整列入体制结算补助。通过清理整合，我国逐步形成了以均衡性转移支付为主体、老少边穷地区转移支付有效补充并辅以少量体制结算补助的一般性转移支付体系。在稳定增长机制的建立方面，增加一般性转移支付的规模，提高一般性转移支付占转移支付总量的比重——逐步将其占比提高至 60% 以上。将均衡性转移支付与所得税增量脱钩，使得均衡性转移支付不再依赖于所得税增量，从而确保均衡性转移支付的增加幅度高于转移支付总量的增加幅度。此外，中央还明确提出使用一般性转移支付来调节地方因执行中央增支政策而形成的财力缺口，大幅增加对老少边穷地区的转移支付规模等方案。

作为建立现代财政制度的关键举措之一，中央于 2016 年和 2018 年先后确立了中央和地方财政事权和支出责任划分的具体实施办法以及中央和地方在基本公共服务领域共同财政事权和支出责任的改革方案[①]，这对于政府间财政关系的改革起了重要作用，并为后续分领域改革提供了引领。为与财政事权和支出责任划分改革相衔接，2019 年中央新设共同财政事权转移支付，主要用于履行共同财政事权中中央承担部分的支出责任，为地方贯彻落实中央政策提供必要的财力支撑，从而提高地方的共同财政事权执行能力。具体内容包括城乡义务教育补助经费、学生资助补助经费、就业补助资金、困难群众救助补助资金、基本公共卫生服务补助资金、城镇保障性安居工程资金等。设立

---

① 2016 年 8 月，国务院发布了《国务院关于推进中央与地方财政事权和支出责任划分改革的指导意见》（国发〔2016〕49 号）。2018 年，国务院办公厅发布了《基本公共服务领域中央与地方共同财政事权和支出责任划分改革方案》（国办发〔2018〕6 号）。

共同财政事权转移支付不仅是构建以基本公共服务为主体的中央和地方共同财政事权框架的需要，也是有效落实中央政策的制度保障，更重要的是有助于充分发挥中央和地方两个积极性进而提升国家治理能力。值得注意的是，现阶段的共同财政事权转移支付被计入一般性转移支付之中，其调整需要结合《预算法》的修订。待今后修订《预算法》时再作调整。

2.专项转移支付

专项转移支付由来已久，它在中华人民共和国成立之初被称为专案划拨，此后又曾被称为专案拨款和专项拨款；1994年分税制改革后，作为我国确立的转移支付制度的重要组成部分，它被改称为专项转移支付，这一名称沿用至今。这部分资金专款专用，旨在实现中央的特定政策目标，主要包括一般预算拨款、国债补助等。

专项转移支付在转移支付制度确立初期占据着主导地位，特别是在分税制改革后的前几年，这种现象更为明显。例如，1994—1999年，中央对地方的专项转移支付累计达3 980亿元，占转移支付总额的78%，这一规模是同一时期一般性转移支付规模的3.65倍。直到2000年以后，一般性转移支付的比重才开始大幅提高，并于2005年首次超过专项转移支付。此外，据审计报告显示，2011年中央对地方转移支付项目有287项，2012年有285项，2013年有220项。以上事实表明，专项转移支付不仅数额巨大，而且种类繁多。然而，规模和数量均较大的专项转移支付的分配和执行却具有很强的不规范性，这加大了下级政府预算的不确定性，同时也滋生出"跑部钱进"等设租、寻租现象。针对这些问题，中央自进入新时代以来，进一步深化了对专项转移支付的改革力度——着重强调专项转移支付项目的清理和整合。这主要包括：（1）不再为没有继续实施必要的项目提供资金支持，这些项目要么是政策到期，要么是实现了中央的既定政策目标，要么是绩效低下；（2）取消竞争性领域和以收定支项目的专项转移支付；（3）整合归并一批专项转移支付项目，这些项目往往具有相似的政策目标、类同的投入方式和相近的管理方式。与此同时，对新设专项进行严格控制，特别地，必须严格论证新设专项的合理性和必要性，并且履行严格的审批程序。这一管理方式取得了显著的成效——新增专项转移支付的项目数量由2013年的220个大幅压减至2018年的73个，压减率高达66.8%。从具体用途看，我国现阶段的专项转移支付大体上可以分为两大类：一类主要是对地方经济发展和事业发展的项目补助，如农村综合改革转移支付、水污染防治资金、雄安新区建设发展综合财力补助、城市管网及污水治理补助资金等；另一类主要是针对特殊情况的补助，如自然灾害防治体系建设补助资金、重大传染病防控经费等。

（二）我国政府间转移支付制度的基本事实

1. 转移支付力度不断加大

在1995年我国转移支付制度建立之初，由于财力不足，中央对地方的转移支付仅为547.8亿元。此后，特别是步入21世纪以来，伴随着中央财力的持续增强，中央不断加大对地方尤其是对中西部地区的财政转移支付力度。2019年，中央财政转移支付金额达到74 359.86亿元，是1995年的136倍，年均增长了23%，高出同期中央财政支出增幅9个百分点；与此同时，转移支付占中央支出的比重持续提高，近年中央政府超过60%的财政支出用于转移支付（见图5-2）。其中，中西部地区获得的转移支付占全部转移支付的比重为72%，获得的一般性转移支付的比重为73%（见图5-3）。这有力地支持了中西部欠发达地区的经济社会发展，为更好地实现地区基本公共服务均等化、促进地区均衡发展提供了良好的财力保障。

（亿元）   （%）

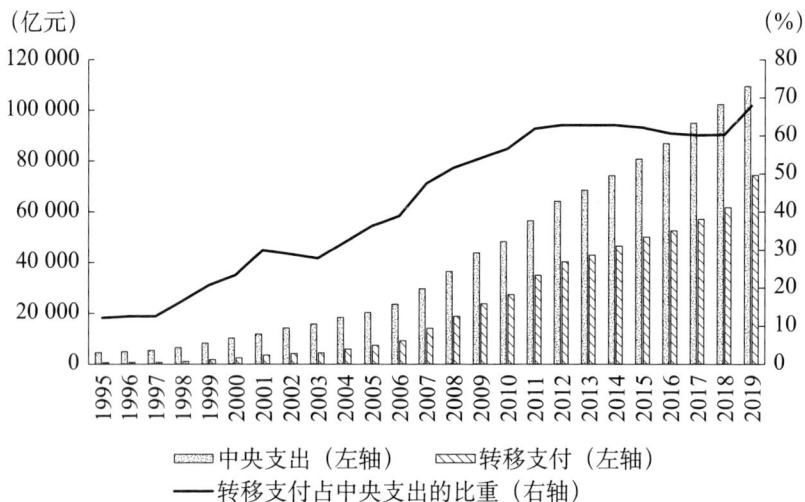

图 5-2　1995—2019 年的中央支出和转移支付及其所占比重
资料来源：财政部网站和《中国财政年鉴 2020》。

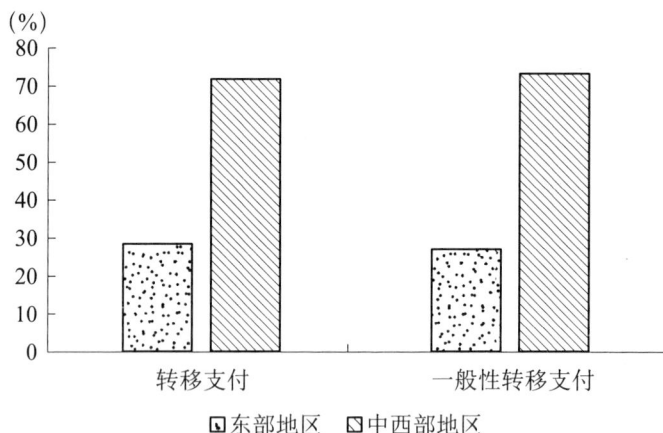

图 5-3　2018 年东部和中西部地区转移支付和一般性转移支付所占比重
资料来源：财政部网站。

2. 转移支付在欠发达地区起到支撑性作用

转移支付特别是一般性转移支付的分配主要趋向于财力薄弱地区。图 5-4 展示了 2019 年中央对各地区的人均转移支付额及各地区的转移支付依赖度（即中央转移支付占地方财政支出的比重）。从

图 5-4 中可知，人均获得中央转移支付最多的前 5 个省份是西藏、青海、宁夏、新疆、内蒙古；最少的 5 个省份是广东、浙江、江苏、上海、山东；人均最高的省份（西藏）是最低省份（广东）的 45 倍。从转移支付依赖度的角度看，中西部省份的转移支付依赖度普遍在50% 以上，而经济较为发达地区的转移支付依赖度则普遍在 30% 以下。这表明转移支付已对欠发达地区的财政支出进而基本公共服务的有效提供起到了关键性的支撑作用。

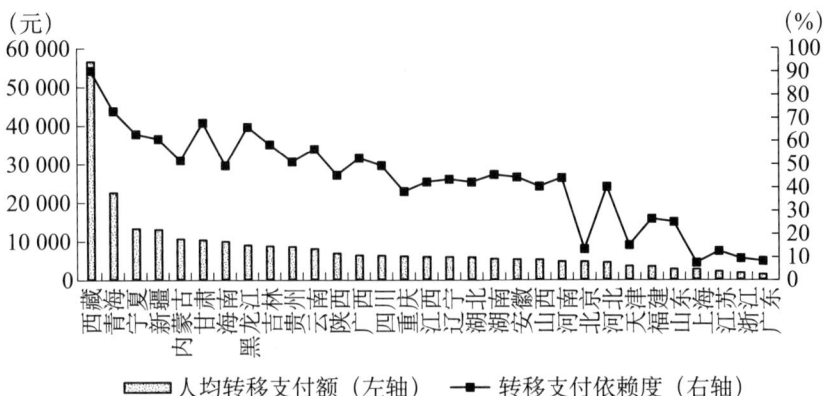

图 5-4　2019 年各地区人均转移支付额及转移支付依赖度
资料来源：财政部网站、《中国财政年鉴 2020》以及《中国统计年鉴 2020》。

3. 转移支付体系持续优化

如同之前内容所梳理的，我国转移支付制度在确立初期具有典型的改革过渡期特色，表现为类型单一、规模较小和结构欠合理。1995年，过渡期转移支付（即均衡性转移支付）的数额仅为 20.7 亿元，占中央财政转移支付的比重为 4%；而同一年的专项转移支付的数额为374.7 亿元，占中央财政转移支付的比重高达 68%（见图 5-5）。此后，中央结合财政体制的改革与发展、宏观调控的需要和财力均等化目标的要求，不断丰富和整合财政转移支付类型，特别地，陆续设立了用于支持民族地区发展的民族地区转移支付和弥补因农村税费改革引致的财力缺口的农村税费改革转移支付等其他一般性转移支付项目。尤其是 2002 年，中央加大了均衡性转移支付的规模——每年新增 10 亿元财政预算资金用于均衡性转移支付；同时将因所得税收入分享改革增加的财政收入也全部用于均衡性转移支付，从而建立了均衡性转移支付的稳定增长机制。2009 年，中央进一步清理和整合转移支付项目，将原先列入专项转移支付项目、补助数额相对稳定的教育、社会保障和就业、公共安全和一般公共服务等转为一般性转移支付项目。2019 年，为顺利推进财政事权和支出责任划分的改革，中央新设了共同财政事权转移支付，并将其暂时列入一般性转移支付项目。这些举措有助于优化完善中央财政转移支付结构，促使中央财政转移支付日益成为中央财政支持改革、落实中央发展战略和促进地区均衡发展的重要政策手段。

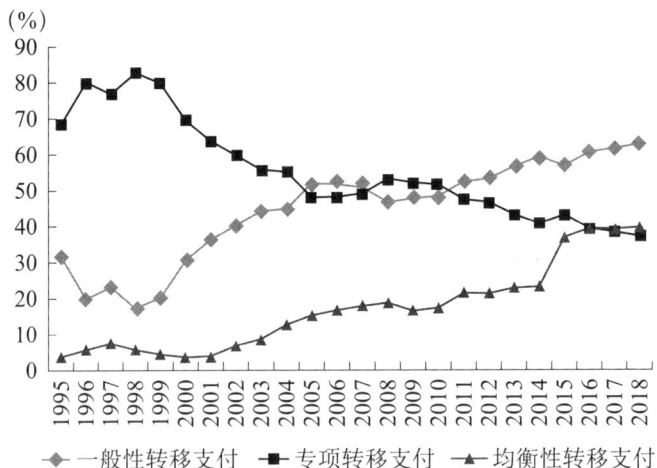

图 5-5 各转移支付项目比重

资料来源：全国人大和财政部网站，以及 1996—2019 年《中国财政年鉴》。

图 5-5 呈现了一般性转移支付（及其包含的均衡性转移支付）和专项转移支付的结构性变化。一般性转移支付占转移支付的比重在 2000 年之前呈现下降趋势，由 1995 年的 32% 下滑至 1999 年的 20%，之后占比越来越高，2018 年达到 63%。其中，均衡性转移支付近些

年的增长尤为明显；由于均衡性转移支付采用因素法进行测算，这意味着我国在完善转移支付体系方面取得了较为明显的成就。专项转移支付占比在1998年前呈现上升趋势，之后总体下降。^① 表5-1是2019年中央对地方转移支付主要项目表。在将一般性转移支付（已去除税收返还、固定补助）中的共同财政事权转移支付去除后，均衡性转移支付占一般性转移支付的比重为66%。县级基本财力保障机制奖补资金和老少边穷地区转移支付也占了较大的比重，分别是12%和11%。在除基建支出以外的专项转移支付中，土地指标跨省域调剂收入安排的支出、农村综合改革转移支付、大气污染防治资金、自然灾害防治体系建设补助资金、水污染防治资金、城市管网及污水治理补助资金和重大传染病防控经费占到了相对大的比重，这七项专项转移支付之和的比重为67%。

总体上看，我国依托财政事权和支出责任的划分，基本形成了以一般性转移支付为主体，共同财政事权转移支付和专项转移支付协调配合的较为合理的转移支付体系。

表5-1　2019年中央对地方转移支付主要项目表　　　　单位：亿元

一、一般性转移支付	55 546.38
均衡性转移支付	15 632
重点生态功能区转移支付	811
县级基本财力保障机制奖补资金	2 709
资源枯竭城市转移支付	212.9
老少边穷地区转移支付	2 488.4
产粮大县奖励资金	447.86
生猪（牛羊）调出大县奖励资金	36.9

① 2019年后，由于新设立共同财政事权转移支付及其带来的转移支付口径的变化，各类转移支付与前期不可比。2019年，转移支付总体上分为一般性转移支付和专项转移支付两大类，分别为55 546.38亿元和7 561.70亿元。

续表

共同财政事权转移支付	31 902.99
体制结算补助	1 305.33
二、专项转移支付	**7 561.7**
食品药品监管补助资金	28.74
文化产业发展专项资金	1.89
重大传染病防控经费	165.25
大气污染防治资金	250
水污染防治资金	190
可再生能源发展专项资金	57.32
城市管网及污水治理补助资金	186.22
土壤污染防治专项资金	50
农村环境整治资金	59.84
农村综合改革转移支付	332.55
土地指标跨省域调剂收入安排的支出	816.61
普惠金融发展专项资金	57.41
工业转型升级资金	138.62
中小企业发展专项资金	69.63
服务业发展资金	70.47
外经贸发展资金	123.31
重点生态保护修复治理专项资金	120
自然灾害防治体系建设补助资金	221
雄安新区建设发展综合财力补助	100
支持海南全面深化改革开放综合财力补助	100
东北振兴专项转移支付	50
基建支出	4 336.64
其他支出	36.2
合计	63 108.08

　　资料来源：财政部网站。2019 年财政部将税收返还列于一般性转移支付之下；为使统计口径一致，本表剔除了税收返还及固定补助。

三、政府间转移支付制度的建设方向

本部分介绍我国现行政府间转移支付制度存在的问题，并在此基础上讨论新时代我国政府间转移支付制度的建设方向。

（一）现行政府间转移支付制度存在的问题

伴随着 1994 年分税制改革的推进，我国逐步建立了较为规范合理的转移支付体系。这不仅促进了地区间基本公共服务均等化目标的实现，对地方有效贯彻落实中央的宏观政策目标、保障和改善民生、推动地区经济社会良好运行亦提供了有益帮助。不过，现行政府间转移支付制度与新时代所提出的现代财政制度框架下的转移支付制度的构建还具有一定差距，仍然存在诸多问题与不足。

1. 转移支付结构尚有优化空间

现行转移支付制度在结构上仍存在主次比重失衡和体系划分零乱等问题。主次比重失衡主要是指我国长期以来一般性转移支付比重偏低、专项转移支付比重较大，主次关系失调。2018 年一般性转移支付比重为 63%，经过统计口径调整后，2019 年上升至 88%。然而统计口径调整导致的比重增长并不意味着转移支付结构的优化，尽管在类别划分上共同财政事权转移支付属于一般性转移支付，但共同财政事权的资金性质仍然是专款专用。体系划分零乱主要是指受中央和地方财政事权和支出责任划分不够清晰等因素影响，转移支付的设置滞后于财政事权和支出责任划分的改革，两者未得到有效衔接。具体表现为，一些本应属于中央、由中央直接负责的财政事权却通过设立专项转移支付的方式委托给地方承担；一些本应属于地方、由地方直接负责的财政事权，中央仍给予一定的转移支付资金；此外，对于中央和地方共同承担的一些财政事权，中央没有明确专项转移支付的承担比例，也没有统一规定地区间的分配规则。专项转移支付承担的比例和地区间分配的规则不统一。[①]

2. 一般性转移支付目标不明确

如前所述，一般性转移支付的初衷是缩小地区间财力差距，促进地区间基本公共服务均等化。然而，由于一般性转移支付种类繁多、政策目标多元，其均等化效应并没有得到充分发挥。例如，尽管重点生态功能区转移支付、资源枯竭城市转移支付、民族地区转移支付以及共同财政事权转移支付等被列入一般性转移支付项目，中央也往往对其资金流向施加严格的限制，但这类一般性转移支付具有明显的专项转移支付特征，均等化作用较弱。此外，在一般性转移支付中，均等化效果最为突出的均衡性转移支付占比则较低，2019 年占比仅为 28%。即使将一般性转移支付中的体制结算补助和共同财政事权转移支付去除，均衡性转移支付的占比仍然未超过 70%，尚有进一步提升的空间。

3. 专项转移支付制度不规范

专项转移支付制度不够规范主要表现在以下两个方面：一是分配依据仍不明确。尽管 2015 年财政部印发的《中央对地方专项转移支付管理办法》明确规定，专项转移支付除少数涉及国家重大工程的项目外，主要按因素法选取客观因素并明确相应的权重或标准进行分配。但是在实际执行过程中，各部委在制定有关专项转移支付管理办法时往往只列出相关因素，而没有提供具体的权重或标准来计算分配金额，甚至仍存在专项转移支付未制定管理办法。[②]由于有关管理办

---

① 《国务院关于推进中央与地方财政事权和支出责任划分改革的指导意见》（国发〔2016〕49 号）。

② 如就业补助资金仅在管理办法中列出基础、投入和绩效三类影响因素，并未规定其权重比例。此外，截至 2019 年，仍有 3 项专项转移支付未制定管理办法。

法仍未实现统一规范，专项转移资金分配依据仍然不明确，所以资金分配主观性强、随意性大。二是项目退出机制尚不健全。尽管中央明确提出要清理整合专项转移支付，建立健全专项转移支付项目退出机制。但在实际运行过程中，专项转移支付清理较为缓慢，专项转移支付项目仍未完全退出竞争领域。[①] 此外，部分专项转移支付尚未在管理办法中明确实施期限或退出条件，如优抚事业单位补助经费、普惠金融发展专项资金、电信普遍服务补助资金等。

4.转移支付监督评价体系不完善

转移支付监督评价体系不够完善主要表现在监督机制相对落后、评价体系有待建立。一是缺乏相应的法制基础。受限于总体的制度设计，转移支付制度在监管机制方面仍然相对落后。我国转移支付制度的主要依据是财政部门所制定的各项规章，尚未上升到立法层次，对于监管标准、责任追究等也缺乏明确的规定，难以实现对资金的有效监管。二是缺乏有效的评价指标。转移支付评价标准尚未规范统一，考核指标缺失或不符合实际，致使转移支付资金使用效率低下。2019 年，审计署抽查了 320 个专项转移支付资金支持项目，发现这些项目从地方立项到开工平均需要 486 天，而这些项目的专项转移支付资金高达 54.58 亿元。[②]

5.省以下转移支付制度不完善

省以下转移支付制度不完善主要表现在缺乏明确的法律依据、缺乏总体制度设计。自 1994 年分税制改革以来，无论是转移支付内容的丰富完善，还是转移支付结构的优化调整，都始终围绕在中央和地方层面，较少涉及省以下。

---

① 《国务院关于 2016 年度中央预算执行和其他财政收支的审计工作报告》指出，2016 年财政部将文化产业发展专项 21.17 亿元直接投向了竞争性领域。

② 《国务院关于 2019 年度中央预算执行和其他财政收支的审计工作报告》。

省以下转移支付作为我国政府间转移支付制度的重要组成部分，由于缺乏相关法律依据和规范性制度等明确统一的规定要求，同时受地区间经济发展水平和财政管理能力等因素影响，运行机制不规范。此外，由于缺乏规范的制度设计标准，省以下财政转移支付科目设置不合理，普遍采用共用科目，造成财政事权不清、责任模糊。

（二）我国政府间转移支付制度的建设方向

总而言之，我国转移支付制度的总目标是围绕构建现代财政制度，形成以财政事权和支出责任划分为依据，以一般性转移支付为主体，共同财政事权转移支付和专项转移支付有效组合、协调配套、结构合理的转移支付制度。具体而言，我国政府间转移支付制度在下一阶段的建设工作可主要围绕以下几个方面展开。

1.完善一般性转移支付制度

明确各级政府的财政事权与支出责任是建立科学的财政转移支付制度的基本前提。1994年的分税制改革以制度化的形式明确了中央和地方在财权上的划分，但并没有明确中央和地方的财政事权和支出责任安排。受此影响，我国政府间转移支付制度的设立在较长一般时间内与政府间财政事权的划分相关性较弱，导致政府间转移支付结构不够合理；一般性转移支付项目种类多、目标多元，均等化功能弱化；专项转移支付涉及领域过宽，分配使用不够科学等。因此，改革我国政府间转移支付制度的核心取向是在明晰划分中央和地方财政事权与支出责任的基础上，合理调整政府间转移支付结构。具体到一般性转移支付制度的改革，应逐步将一般性转移支付中属于中央委托财政事权或中央地方共同财政事权的项目转列共同财政事权转移支付，属于地方财政事权的项目归并到均衡性转移支付，建立以均衡性转移支付为主体、以老少边穷地区转移支付为补充并辅以少量体制结算补助的一般性转移支付体系。

2016 年 8 月，国务院印发了《国务院关于推进中央与地方财政事权和支出责任划分改革的指导意见》；2018 年 2 月，国务院办公厅又发布了《基本公共服务领域中央与地方共同财政事权和支出责任划分改革方案》；此后，教育、医疗卫生等分领域改革也相继展开，初步形成了我国以基本公共服务为主体的政府间财政事权和支出责任划分框架，这极大地改变了以往政府间财政事权和支出责任划分不够明晰的局面。在此背景下，新设立的共同财政事权转移支付，将改革前一般性转移支付资金和专项转移支付资金中涉及基本公共服务领域中央与地方共同财政事权的部分，统一划归为共同财政事权转移支付资金，从而更加清晰和完整地反映中央政府所承担的基本公共服务领域共同财政事权的支出责任，促进转移支付与政府间财政事权和支出责任划分相适应，有利于更好地发挥转移支付的职能作用，提高转移支付资金的使用效益。

未来需要继续推进政府间财政事权和支出责任划分改革，进一步理顺中央与地方之间的关系，促进转移支付制度与政府间财政事权和支出责任划分相适应，加快建立和完善共同财政事权转移支付体系，并保证共同财政事权分类分档转移支付资金能够优先足额安排、提前下达、及时拨付。与此同时，还要不断强化共同财政事权转移支付管理，逐步明确共同财政事权转移支付项目设置和评估，预算编制，资金申报、分配、下达、使用，绩效管理和监督等内容，并针对具体事项转移支付进行定期评估、分类处理，比如不符合法规将被取消，中央与地方财政事权和支出责任划分已经调整的也将进行相应调整。

2. 优化专项转移支付制度

作为一般性转移支付的重要补充，专项转移支付项目的设立均与中央相关政策相衔接，是优化地方财政预算支出，引导地方政府实现中央特定目标的重要手段。自1994年分税制改革以来，专项转移支付总体上发挥了积极有效的作用。但在实际运行过程中，我国专项转移支付制度暴露出越来越多的问题，其中包括：项目数量过多、资金过于分散，加之专款专用的特点，难以集中力量办大事，导致资金使用效率较低；项目申请审批流程烦琐，加重了项目申请者和管理者的负担；项目拨款审批时间过长，导致资金难以及时到位，不利于地方政府在预算年度内的资金安排，弱化了财力均等化效应；资金分配不透明，容易滋生腐败、虚报冒领等不良现象（岳希明，2014）。

考虑到专项转移支付制度在我国的实际作用，目前的改革重点应当在于对其进行严格限制，控制现有专项转移支付规模，进一步清理整合专项转移支付，调整和优化专项转移支付结构，不断强化专项转移支付管理，提高专项转移支付管理透明度和资金使用效率。一是进一步适当压缩专项转移支付数量，对政策到期、预定目标实现、绩效低下的专项予以取消，逐步取消竞争性领域专项和以收定支专项，积极探索建立"大专项＋工作任务清单"机制，推动同一专项下的不同支出方向资金的统筹使用，即探索建立国际上常见的"分类转移支付"；二是建立健全专项转移支付设立、定期评估和退出机制，对专项设立审批严格把关，落实严进严出原则，探索建立常态化的评估退出机制；三是进一步优化专项转移支付结构，确保专项资金优先用于全局性、基础性、战略性的重大项目和市场不能有效配置资源的公共领域项目；四是积极推动实施三年滚动规划管理，做好专项转移支付的项目设立、资金审批、资金分配、资金下达、预算公开、绩效评价及评价结果应用，做到按制度管理，减少随意性，并逐步建立起追究问责机制。

3. 完善省以下财政转移支付制度

作为政府间转移支付制度的重要组成部分，自1994年分税制改革以来，省以下转移支付制度一直没有明确的法律依据和制度遵循。各省比照中央对地方转移支付制度，结合实际，因地制宜，在探索中建立省以下转移支付体制。但由于缺乏相关规范性制度和统一化标准，省以下财政转移支付制度仍然存在着诸多弊端，包括政府财政事权和支出责任范围划分不清晰、转移支付结构不合理、资金分配方式不完善以及缺乏有效法律制度等。

有鉴于此，未来省以下转移支付制度的改革重点是加快建立统一规范的转移支付体系。一是加快出台省以下转移支付相关法律法规和规章性制度，为省以下转移支付制度改革提供法律基础和制度遵循。二是加快推动省以下财政事权和支出责任划分改革，进一步理顺省与省以下政府之间的关系，优化各级政府转移支付结构。三是优化省以下转移支付分配方式，制定合理的转移支付测算指标和因素权重，减少人为意志因素影响，提高转移支付均等财力作用。四是加强省以下转移支付绩效管理，建立合理的评价指标和奖惩措施，提高转移支付资金使用效率。

第六章
健全省以下财政体制

作为多级政府体系的基础和重要构成部分，市县级政府在整个国家的长治久安中扮演着极其重要的角色。因此，省以下财政体制是中央与地方财政体制的延伸和贯彻。深入梳理省以下的政府间财政关系，对于健全省以下财政体制，增强中央政府的宏观调控能力进而更好地发挥中央和地方（尤其是基层政府）的积极性具有深远意义。本章首先在前面章节分析的基础上，更为具体化地讨论省以下政府间财政关系设计的基本原则，然后梳理我国省以下财政体制的现状和基本事实，最后讨论现阶段我国省以下财政体制存在的主要问题和下一步的建设方向。

一、省以下政府间财政关系设计的基本原则

与中央和地方的政府间财政关系设计相同，省以下的政府间财政关系同样包括财政收入的清晰划分、财政事权和支出责任的合理界定以及转移支付体系的有效设计等三个主要方面。从理论上讲，省以下政府间财政关系设计所需遵循的基本原则与第三、第四和第五章所讨论的原则是一致的。此处，我们仅做几点具体化说明：

（一）省以下收入划分

省以下收入划分要在坚持税种本身性质原则的基础上，重点体现受益原则。特别地，省级政府在兼顾经济快速增长和缩小省内发展差距的前提下，将波动幅度大、流动性强、地区间税基分布差异悬殊的税种确定为省级财政收入或主要由省级与市级共享的收入；将波动幅度小、流动性弱（如房地产税）、地区间税基分布均衡的税种确定为市县财政收入。对于省以下人均财力差距较小的地区，适当减少省级财政收入的比例，确保市县级财政收入的稳定，使得基层政府更加积极地组织收入；对于人均财力差别较大的地区，应由省级政府适当地集中更多的财力，以支持薄弱地区的发展。

（二）省以下财政事权和支出责任划分

通过有效授权，合理划分省级和市县级政府的财政事权和支出责任，激励市县级政府尽量提供和保障辖区内基本公共服务，防止市县级政府不作为或出现因追求局部利益而损害其他地区和整体利益的行为，形成激励相容的良好局面。具体而言：体现省级政府职能、受益范围覆盖全省的基本公共服务由省级政府负责，并承担相应支出责任；区域性基本公共服务由市县级政府承担相应责任并负责；省内跨区域的基本公共服务由省级政府和市县级政府共同负责，在合理测算不同级次政府财政事权的基础上，各自承担相应的支出责任，这可较好地体现受益范围原则。

与此同时，在确保各级政府财力的基础上，将信息繁多且获取渠道少的基本公共服务（如医疗、基础教育等）作为市县级政府的财政事权；将相关信息容易获取和甄别的基本公共服务作为省级政府的财政事权。

（三）省以下转移支付制度

省以下的转移支付要在保障市县级政府正常运转的前提下，重点解决地区财力失衡和矫正外部性问题。特别地，若市县级政府自有财政收入不能满足本级政府的基本公共支出需求，应由省级政府增加一般性转移支付资金，以强化对财政困难市县的支持力度，这体现了转移支付资金弥补纵向和横向财力失衡的原则。省级政府要将转移支付资金及时、全部下达到市县，将更多自有财力下沉到市县；市级政府不伸"攫取之手"，合理安排本级和下辖县的转移支付资金。

此外，市县级政府要科学规划资金去向，合理化资金支出结构。对于上级政府划拨的一般性转移支付，根据支出的轻重缓急，确保相关重点支出的统筹安排；对上级政府下达的专项转移支付，在原有资金用途的基础上，提高为辖区内居民提供公共服务的质量。

二、省以下财政体制的现状与基本事实

（一）省以下财政体制的现状

我国的政府架构共有五级，分别为中央、省级、地市级、县级和乡镇，其中省、地市、县和乡镇政府为地方政府，每级地方政府在行政和财政上均直接隶属于上一级政府。除了中国香港、澳门特别行政区和中国台湾地区以外，我国共有 31 个省级政府（包括 4 个直辖市、22 个省和 5 个自治区）、333 个地级政府（包括 293 个地级市和 40 个地区）、2 844 个县级政府（包括 973 个市辖区、388 个县级市、1 312 个县和 117 个自治县）和 38 741 个乡镇政府（包括 21 157 个镇、

8 809 个乡和 8 773 个街道）。^① 在省以下政府级次和政府数量较多的事实下，省以下财政体制的建设一直以来都是我国财政体制改革的重点，其在不同阶段也呈现出了不同的特色。

1. 分税制改革后的省以下财政体制安排

1994 年分税制改革虽然制定了中央与地方政府间的财政关系的制度规范，但对省以下财政管理体制并未做出明确规定。在此后的一段较长时间内，各地仍主要延续着财政承包制的做法。2002 年，国务院批转财政部《关于完善省以下财政管理体制有关问题的意见》。在这一意见的推动下，各地比照中央与地方财政关系的制度框架，在2002—2004 年间较为集中地实施了分税制。特别地，在财政收入安排方面，绝大多数省份采取分税种划分收入的做法，只有福建省实行的是总额分成。不过，即使是分税种划分收入，省份间的具体做法也存在较大差异。

表 6-1 给出的是分税制改革后部分省份省以下收入划分方式。从中可以看出，不同省份省以下的财政关系始终由省级政府在不违背中央政府大政方针的前提下自主决定，省级政府在制定本省的政策方案时通常会模仿央地之间的形式，同时又充分利用自身的自由裁量权，从而形成了独具特色的收入划分方式。

---

① 关于我国行政区划的数据来源于《中国统计年鉴 2021》。20 世纪 80 年代以前，我国广泛存在着省会城市管县的现象。此后，为了适应工业化和城市化发展的需要，我国行政区划进行了较为明显的变化，包括"地区改市""县改省市""撤地建市""撤县建市"等。随之，作为地级行政区的地区和盟大多演变为"地级市"，一部分县则演变为"县级市"。随着地级市的大量涌现，原来作为省级政府派出机构的地区行政公署演变为"地级政府"，辖域并没有多大变化，但由准行政区变为行政区，由原来的地区管县转化为地级市管县和县级市。

表6-1　分税制改革后部分省份省以下收入划分方式

省份	收入划分方式
北京市、天津市、河北省、山西省	收入稳定且规模较大的税种（例如，增值税地方留成的25%部分和营业税等）由省与市县按比例分享，分享比例则包括"五五""四六""三七"等
黑龙江省、江苏省、山东省	按照税种划分收入；并规定主要行业、支柱产业或重点企业的税收收入由省级独享
浙江省	按照税种划分收入；并规定主要行业、支柱产业或重点企业的税收收入由省级独享，在2003年以后（至少3年内）对市县财政收入超过2002年收入基数的增量部分实行省与市县按20%：80%分享
福建省	"总额分成"，将设区市级地方一般预算收入的20%作为省级固定分成收入
贵州省	地方享有的税收收入主要依据税种和企业隶属层级进行划分，增值税、土地使用税、土地增值税、国有土地有偿出让收入和资源税确定为共享税
湖南省	2005年确定了包括考试报名费、证书工本费、排污费等在内的各项行政事业性收费和政府性基金收入在省、市、县之间的分成及结算办法
甘肃省	增值税地方留成部分中，兰州、嘉峪关、金昌、白银和酒泉5个市省级分享70%，市县分享30%；其他市（州、地）省级分享20%，市县分享80%；营业税实行省与市（州、地）分享，省级分享30%，市（州、地）分享70%
海南省	增值税中，省与海口市分享比例为75%：25%；与其他市县分享比例为25%：75%
吉林省	地方分享的增值税、营业税（不含金融保险营业税）中，省与市（州）的分享比例由60%：40%调整为50%：50%。建立增收激励机制，对市（州）本级上划省的共享收入，当年增长幅度超出市（州）本级部分，省按超出数额的30%给予返还；对县（市）上划省的共享收入，当年增长幅度超出县（市）部分，则按40%给予返还
辽宁省	地方分享的25%增值税中，省分享10%，市分享15%。将原省级营业税下放到市。除继续作为中央收入的营业税外，其他营业税收入由省市按30%：70%分享

资料来源：各省级政府文件；李萍.中国政府间财政关系图解.北京：中国财政经济出版社，2006。

在财政事权和支出责任的安排上，中央仅针对中央和地方的划分方式做了原则性的规定，即地方主要承担维持辖区内政府部门、机关正常运转以及经济和事业发展所需要的支出，具体包括行政管理费，以及统筹的基本建设，地方企业的技术改造，城市维护和建设，支农，文化、教育和公共卫生等各项事业费，没有涉及对省以下收入划分的具体界定（刘尚希等，2012）。各省结合自身发展的实际情况做了一些原则性的规定；以河北省为例，省级政府对省以下财政事权和支出责任的安排如表6-2所示。

表6-2　河北省支出责任划分情况

类别	内容	具体情况
公共安全	公共安全基本事务；办案；装备；基础设施建设与维修支出	由省、市、县财政分级承担
	监狱支出和劳教人员生活、教育费	由省级财政承担
民族宗教事务	一般民族宗教管理事务	由省、市、县财政分级承担
	民族宗教专项事务	由省、市、县财政分级承担；省财政增加对民族县、民族乡的转移支付
农村义务教育	中小学公用经费；农村贫困家庭学生寄宿生生活费补助地方承担部分；义务教育均衡发展补助	由省、市、县财政按规定比例分级承担
	中小学校舍维修改造	由中央、省、市、县财政共同承担
	中小学教职工工资	由市、县财政分级承担
	农村义务教育教科书	中央承担国家课程教科书经费，地方教材由确定教材的同级财政承担
城市义务教育		由市、区财政分别承担

续表

类别	内容	具体情况
文物保护	文物保护一般管理事务	根据机构隶属关系各级财政分别承担
	文物保护专项	国家级文物保护地方承担部分，由省、市、县财政按6∶3∶1承担；省级文物保护，由省、市、县财政按5∶3∶2承担
医疗卫生	一般医疗卫生管理事务；医疗服务；卫生监督	由省、市、县财政分级承担
社会保障与就业	就业补助	由省、市、县财政分级承担
	城乡居民最低生活保障；优抚对象补助	中央财政负担为主，地方负担部分由省、市、县财政按有关政策分级承担
	农村社会救济	标准内部分由中央、省级财政按规定分别承担，超标部分由县级财政承担
	流浪乞讨人员救助	由市、县级财政分别承担
污染防治	一般污染防治	各级财政资金支持；省财政环保专项资金重点用于对市、县总量减排奖补和重点污染防治项目
	城镇排污治理	排污设施建设支出由市、县财政分级承担，省级财政适当补助
	危险污染源治理	省财政承担放射性污染源治理相关经费，其他危险污染源治理支出由市、县承担
农业资源保护	耕地地力保护；森林生态效益补偿；退耕还林（草）；防沙治沙	由中央和省级财政承担
	封山造林	由中央、省、市、县财政共同承担
	水土保持支出	由中央和省财政以及县级财政分别承担
	其他	由省、市、县财政承担
水库移民后期扶持		中央财政承担河北省72万人水库移民补贴，省财政承担9万人水库移民补贴

续表

类别	内容	具体情况
农村公路建设与养护	农村公路建设	由省、市、县财政承担
	农村公路养护	由省、市财政承担
土地资源管理	国土资源规划及管理；土地资源调查；土地资源利用与保护；国土资源社会公益服务	由省、市、县财政分级承担
	国土资源大调查	省财政承担中央补助的配套资金

资料来源：《河北省人民政府批转省财政厅关于省以下政府间财政支出责任划分改革试点意见的通知》（冀政〔2008〕105号）。

注：表格仅给出了部分原则性的规定，更为详细的介绍请参见具体通知内容。

2. 省直管县财政体制改革

自分税制改革以来，省以下财政关系的一个突出特点是财权上移、支出责任下放。特别地，在以"省—地级市—县"为核心的地方政府架构下，地级市政府往往扮演着县级政府的"攫取之手"。一方面，地级市政府通过降低县级政府的税收分成比例来集中财力；另一方面，地级市政府往往"截流"本应拨付给县级政府的转移支付资金来进一步增加其可支配的财力。同时，地级市政府会常常向县级政府派发自身层级的支出责任。这些做法使得县乡基层政府的财政状况恶化，普遍陷入了财政困境，阻碍了县域社会经济的发展（李萍，2010；贾俊雪和宁静，2015；刘勇政等，2019）。

为有效解决这一问题，我国自2004年以来在一些省份陆续推行了省直管县财政体制改革。这一改革的核心特点是将县级政府的财政收支划分、转移支付安排和预算资金调度完全交由省级财政直接负责，实现了省级政府与县级政府在财政上的直接联系，减少了一个财政层级（地级市政府）。确切来讲，这一改革发轫于安徽、河南和福建等省，此后逐步推向全国其他省份（刘勇政等，2019）。

在改革模式上，各省采取了两种不同的做法：一种是在全省范围内（除少数特殊县外）一次性全面实施改革；另一种是首先选择部分县进行改革试点然后逐步推广。这两种不同的做法形成了不同的纵向财政结构（见图6-1）。可以看出，第一种做法（一次性实施）基本上形成了扁平化结构，而第二种做法（渐进式推开）导致一个省内并存着两种纵向财政管理体制，是一种典型的偏峰结构（郭庆旺等，2014）。

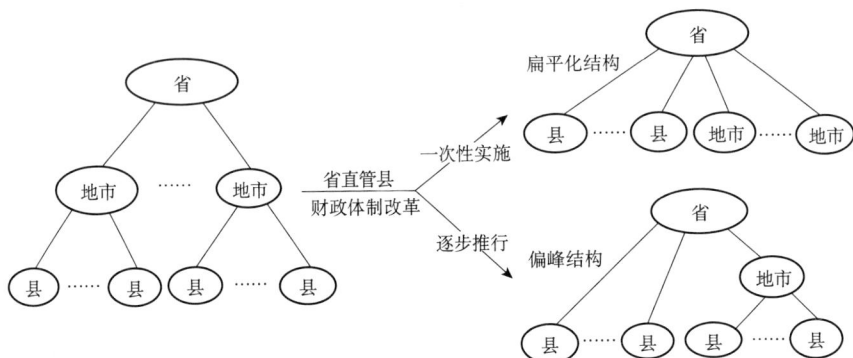

图6-1 省直管县财政体制改革的两种模式

在改革县的选择标准上，各省的做法也不尽相同，见表6-3。例如，河北省将产粮大县视作改革县；山西省和江西省将扶贫开发县定为改革县；河南省则选择区位优势县作为改革县；也有一些省份并未明确公开改革县的选择标准。

表6-3 各省份省直管县财政体制改革县选择标准

省份	改革县选择标准
河北省	产粮大县
山西省、江西省	扶贫开发县
河南省	区位优势县
四川省	经济强县
贵州省、宁夏回族自治区	粮食油料生猪生产大县；生态保护县；资源枯竭县

续表

省份	改革县选择标准
云南省	人口大县；产量大县；旅游县
陕西省	生态保护县；国家级贫困县
辽宁省、吉林省、黑龙江省、江苏省、安徽省、福建省、山东省、湖北省、湖南省、广东省、广西壮族自治区、甘肃省、青海省、内蒙古自治区	未提及

注：资料来自各省份颁布的省直管县财政体制改革文件。表中未包括四个直辖市、浙江省、海南省、新疆维吾尔自治区和西藏自治区。其中，新疆维吾尔自治区和西藏自治区均未实施省直管县财政体制改革；而浙江省则自1949年以来一直实行的是省直管县财政体制，海南省多数县长期以来也采取的是省直管县模式。"未提及"表示该省份未明确提及改革县的选择标准。

省直管县财政体制改革的基本内容主要包括：（1）合理划分省与市、县的收入范围，确定市、县财政各自的支出范围和支出责任；（2）省级财政直接将国税和地税收入指标分解下达，并对县级政府直接进行考核，县级政府将收入直接上解给省级财政；（3）省级财政直接对县级政府进行财政转移支付和其他补助；（4）省级财政直接核准各项上解和补助的基数并于年终直接对县级政府进行资金结算；（5）以县级政府名义举借的国际贷款、国债转贷资金和中央财政有偿资金等，需向省级政府承诺偿还。

虽然各省改革的时间点、模式、改革县试点的选择方式不完全相同，但均重点提出了有关收入的合理划分和转移支付的重新核定等政策。例如，山东省鲁政发〔2009〕110号文件提出"按照收入属地划分原则，现行体制规定的中央和省级收入分享范围和比例不变，设区市不再参与分享直管县（市）的税收收入和各项非税收入，包括设区市在直管县（市）境内保留企业的收入"；安徽省皖政〔2004〕8号文件提出"建立健全市对县的转移支付制度，进一步加大市对县的转移支付力度"；湖南省湘发〔2010〕3号文件提出"省财政建立激励型转移支付制度，对税收收入增长较快、贡献较大的优势地区根据其贡献大小给予挂钩奖励"。

3. 新时代以来省以下财政体制改革

（1）"营改增"改革

2013年开始试点，并于2016年全面推开的"营业税改增值税"（简称"营改增"）改革是新时代以来税制改革的一大突破，对深化财税体制改革具有深远意义，同时也对省以下政府的财政能力产生了重要影响。特别地，"营改增"全面推开后，税收收入完全归属地方（铁路、银行等少数企业除外）且是地方最大收入来源的营业税被彻底取消。为了维持省及省以下财力格局大体不变，中央将中央与地方的增值税分成比例由原来的"七五二五"改成"五五"分成。与此同时，各省相应提高了市县收入分成比例，或增加了对市县的转移支付规模。表6-4梳理了部分省份在"营改增"改革之后省以下收入划分的调整情况。

表6-4 "营改增"后部分省份收入划分改革方案

中央与地方	中央和地方按照50%：50%分享
贵州省	增值税收入保持省、市和县23%：19%：58%的分享比例；地方留存的50%，其中15%按照现行增值税收入分享比例由省、市和县分别负担，剩余35%按照分享比例先行垫付
四川省	对除金融保险业增值税之外的其他增值税收入地方50%部分，省与市、扩权县（不含民族自治县和民族待遇县）分享比例为35%：65%，省暂不参与阿坝州、甘孜州、凉山州、民族自治县和民族待遇县其他增值税收入分享；金融保险业增值税收入地方50%部分，仍然由省与市（州）、扩权县按50%：50%的比例进行分享
广东省	营业税改征增值税地方分享部分由省与市县按50%：50%分享；其他增值税（不含电力增值税）地方分享部分同样由省与市县按50%：50%比例分享；电力增值税继续执行原体制
河南省	以2014年为基期，市县增值税收入增量部分省级分成20%；省范围内增值税留抵退税需地方负担的15%部分和垫付的35%部分，均按收入归属由省级或市县负担；35%部分先由省级垫付，再由市县按季度向省级财政调库

续表

中央与地方	中央和地方按照50%：50%分享
青海省	从2020年起，省级从市州、县分成的地方税收部分，执行中作为市州、县收入，属地征管、就地缴库，年终由市州通过结算上解省财政。按照保障省级和市州既得利益，以2019年为基期，辖区内征收的税收收入中省级和各市州分成为基础，核定省级收入基数。市州按照"基数＋增长"递增方式向省级财政结算上解省级收入，年增长率定为5%，低于5%的，按实际增长率加基数上解；高于5%的，按增长5%加基数上解。以后年度视地方收入增长情况，适时调整上解增长率。省级分享的增量收入，全部用于对下转移支付
江西省	自2021年起，企业所得税、个人所得税和环境保护税，地方所得部分省与市县按30%：70%分享；增值税留抵退税省与市县分担机制相应调整。下划地方的消费税等中央税种以及新开征的税种地方所得部分，由省与市县按30%：70%分享

资料来源：中央政府和各省政府网站。

（2）支出责任划分

2016年8月，国务院印发了《国务院关于推进中央与地方财政事权和支出责任划分改革的指导意见》（国发〔2016〕49号），提出要将"加快省以下财政事权和支出责任划分"确定为七大改革方向之一；把政府间财政事权和支出责任划分作为完善财政体制、协调不同级次政府间财政关系的重点。2018年2月，国务院办公厅发布《基本公共服务领域中央与地方共同财政事权和支出责任划分改革方案》（国办发〔2018〕6号），提出省级政府要根据各项基本公共服务事项的重要性、受益范围和均等化程度等因素，结合省以下财政体制，合理划分省以下各级政府的支出责任，推进省以下支出责任划分改革。

特别地，江苏省、山东省、广东省等省份在党的十八届三中全会后进行了试点改革。江苏省和山东省重点在基本公共服务领域划分省与市县政府财政事权和相应的支出责任。[①] 广东省自2014年开始在代

---

① 2014年江苏省出台了《中共江苏省委江苏省人民政府关于深化财税体制改革加快建立现代财政制度的实施意见》；山东省则颁布了《中共山东省委山东省人民政府关于深化财税体制改革的意见》。

表性城市进行改革试点，主要针对基础教育、公共交通、社会保障以及水利等领域的部分财政事权和支出责任在省级与市县级之间置换调整①，并且逐步扩大置换调整范围；试点政策实行三年后，广东省全面采用省级政府有限制地列举财政事权和责任项目、市县级政府承担剩余项目的方式，明确划分省以下政府所有财政事权和财政支出责任。

（3）转移支付制度

2015 年，国务院印发《国务院关于改革和完善中央对地方转移支付制度的意见》，提出省以下各级政府要比照中央对地方转移支付制度进行探索和践行，以明晰的财政事权和财权为前提，不断优化转移支付结构，将转移支付资金统筹运用在重点项目上，并且加大专项转移支付的整合力度。根据该意见，陕西省和福建省进行了具有本省特色的省以下转移支付体系的构建，具体表现为一般性转移支付占总额比重 60% 以上，一般性转移支付和专项转移支付并存；并且加大对贫困地区和革命老区的转移支付资金投入。广东省对重点生态区实行奖补结合的转移支付，对各贫困地区的转移支付资金的投入也有所提高。

2016 年，《国务院关于推进中央与地方财政事权和支出责任划分改革的指导意见》提出，明晰并且去除与财政事权不匹配的转移支付项目，避免造成资金的浪费。这对于省以下转移支付制度改革也具有借鉴意义。河南省、山西省和山东省等省份依据该意见，提出完善省以下转移支付制度，建立财力性转移支付正常增长机制，甄别保留的专项转移支付，加强对转移支付监督和运行效果的评估，对转移支付资金使用流向实时把控，避免造成资金不必要的流失。江苏省则指出将均衡性转移支付覆盖到所有市县，并且向苏北等经济薄弱地区倾斜，调整税收收入全返政策，以促进财力向市县下倾，规范省以下转

---

① 2014 年《广东省深化财税体制改革率先基本建立现代财政制度总体方案》。

移支付。

（二）省以下财政体制的基本事实

1. 省以下收入分成差异明显

分税制改革虽然从制度上规范了中央与地方政府（省级政府）间的财政关系，但是对省以下财政管理体制并未做出明确规定。特别地，省以下政府间财政关系始终由各省在不违背中央大政方针的前提下自主决定，省级政府在制定本省不同时期的财政体制上具有很强的自由裁量权，形成了各自独特的收支划分安排，由此也导致了省以下收入划分存在明显差异。图 6-2 给出了 1995—2014 年间各个省份省以下收入分成比例的均值。可以看出，省以下收入分成比例大致分布

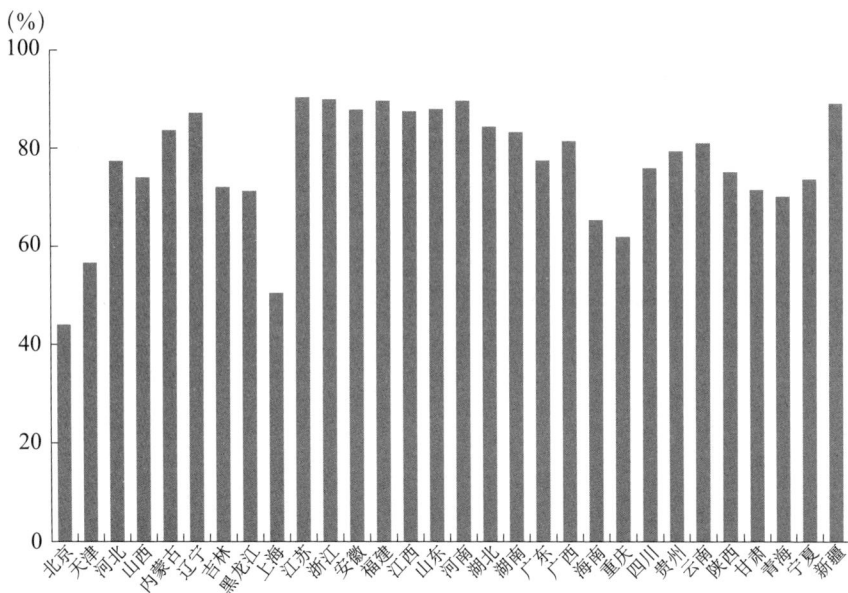

图 6-2 各省份 1995—2014 年间省以下收入分成比例的均值

注：西藏数据缺失。省以下收入分成比例的定义为：省以下政府实际获得的收入之和占全省总收入的比重，其中省以下政府包括地市级、县级和乡镇级政府，数据来自魏海伦和刘勇政（2022）。

在40%～90%；不同省份间差异明显——北京、天津、上海和重庆四个直辖市省以下收入分成比例较低，江苏、浙江和福建等省份则较高；除四个直辖市外，相较于西部地区，中东部地区省以下收入分成比例普遍较高。

2. 支出责任层层下放

分税制及其之后的财政体制改革的重点问题在于对财政收入在中央、省级和市县级等不同层级的政府间的划分，较少涉及支出责任的重新调整。虽然中央多次出台多项指导性意见都明确提出要合理界定省以下的财政事权和支出责任，但事实上现有的省以下财政事权和支出责任的划分最主要的依据仍然是行政隶属关系（表6-2正是体现了这一点），这就导致省以下财政事权配置错位，支出责任层层下放。

图6-3给出了省本级和省以下政府财政支出占全省财政总支出的比重的情况。由图6-3可知：省本级政府财政支出占比最小，县级政

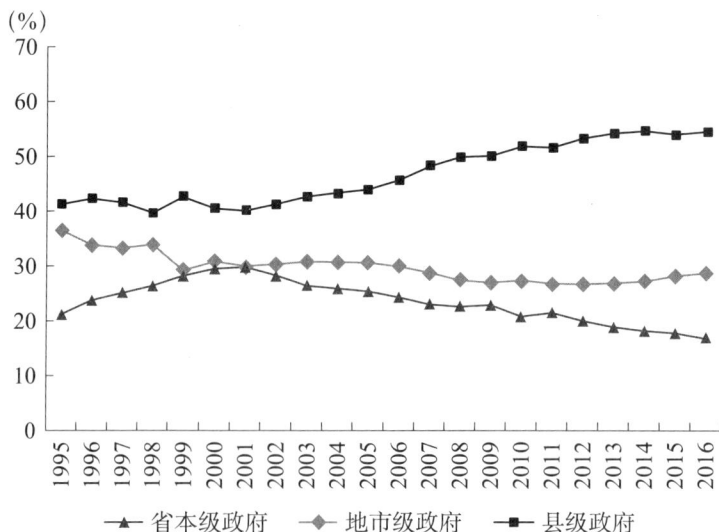

图6-3　省本级和省以下政府财政支出占比情况

注：县级政府支出包括县和县以下政府的总支出，数据来自历年《中国财政年鉴》。2016年之后《中国财政年鉴》不再公布地方一般公共预算收支分级次完成情况，故样本截至2016年。

府财政支出占比最大。特别地，1995—2016年间，省本级政府财政支出占比的均值为23.49%，地市级政府财政支出占比的均值为29.77%，县级政府财政支出占比的均值为46.74%；省本级和地市级政府财政支出占比整体呈现出递减的态势，县级政府财政支出占比则呈现出递增的态势——自2009年以来，县级政府财政支出占比超过了50%，样本期末达到了54.50%。以上结果表明，省以下的支出责任有不断向县级政府下沉和集中的趋势。

进一步，以2016年河南省为例具体分析各项支出分级次的完成情况，见表6-5。从表6-5中可以看出，在全省总支出中，省本级政府占比为12.37%，地市级政府占比为25.80%，县级政府占比为61.83%；特别地，县级政府承担了68.07%的教育支出、57.12%的社会保障和就业支出、83.46%的医疗卫生与计划生育支出。可见，教育、社会保障和医疗卫生等基本公共服务的支出责任主要落在了县级政府身上。

表6-5　2016年河南省部分财政支出各级政府占比（%）

支出项目	省本级政府占比	地市级政府占比	县级政府占比
支出合计	12.37	25.80	61.83
一般公共服务	8.50	19.36	72.14
教育	14.01	17.92	68.07
文化体育与传媒	16.79	33.24	49.79
社会保障和就业	27.58	15.30	57.12
医疗卫生与计划生育	4.72	11.82	83.46
住房保障	3.95	34.60	61.45

资料来源：根据《河南统计年鉴2017》计算得到。

以上事实表明，省以下财政事权和支出责任的划分不够明晰，主体错位、纵横交叉重叠现象较为突出——本应由县级以上政府承担的支出责任，在执行过程中却摊派给了财力相对薄弱的县级政府，出现了省级和地市级政府承担较小、县级政府承担最大的支出责任层层下放的分权格局。

3. 纵向财政失衡

前面提到，自分税制改革以来，我国省以下财政收支安排的一个突出特点是：收入权力层层上移，支出责任层层下放。这就导致省以下财力和支出责任不匹配，即所谓的纵向财政失衡。图 6-4 给出了 1999—2009 年间全国地市级政府自有收入、财政支出和纵向财政失衡的情况。由图 6-4 可知：1999—2009 年间，地市级政府自有收入变化不明显，维持在 5% 左右；财政支出呈现出递增的态势，从 1999 年的 9.4% 上升至 2009 年的 19.8%；收支差额从 1999 年的 5% 左右上升至 2009 年的 15% 左右；纵向财政失衡呈现出递增的态势，从 1999 年的 40% 左右上升至 2009 年的 58% 左右，平均达到了 49.03%。

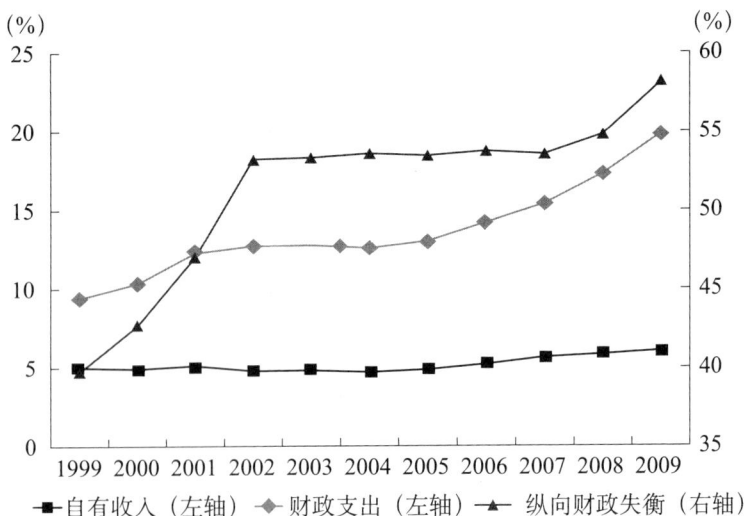

图 6-4 全国地市级政府自有收入、财政支出和纵向财政失衡情况

资料来源：历年《全国地市县财政统计资料》，2009 年以后《全国地市县财政统计资料》不再公开，样本截至 2009 年。

注：纵向财政失衡计算方式为：（本级财政支出－本级财政收入）/本级财政支出。

　　图 6-3 和表 6-5 均表明，在省以下各级政府中，县级政府承担了最大的支出责任。因此，为了更好地刻画省以下财政收支分权进而纵向财政失衡的情况，图 6-5 给出了 1997—2006 年间全国县级政府财政收支分权和纵向财政失衡的变化。由图 6-5 可知：县级政府财政支出分权的均值在经历了短暂下降后，自 2000 年以来呈现出持续增加的态势，2006 年达到了 41.97%；相反，财政收入分权水平则从 1997 年的 23.61% 下降到 2006 年的 15.2%；1997—2006 年间，县级政府的支出分权水平比收入分权水平平均高 17.91%，2006 年则达到了 26.77%；纵向财政失衡从 1997 年的 44% 左右上升至 2006 年的 68% 左右，平均达到了 56.87%。综合图 6-4 和图 6-5 可知，地市级政府和县级政府均存在纵向财政失衡，相较于地市级政府，这一现象在县级政府更为严重。

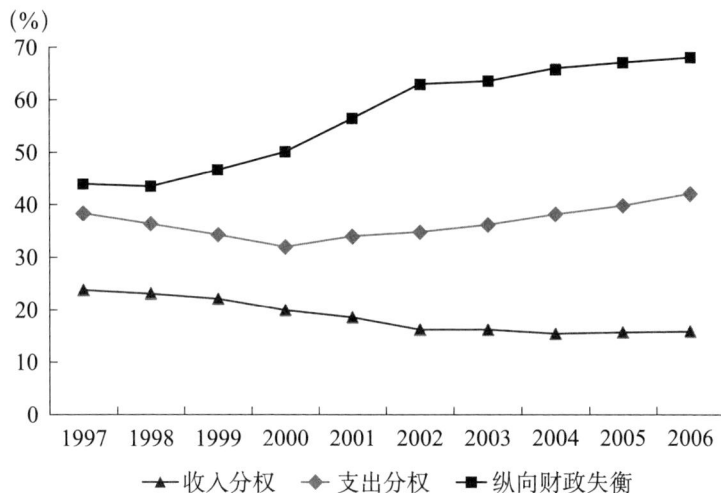

图 6-5　全国县级政府财政收支分权和纵向财政失衡的变化

资料来源：历年《全国地市县财政统计资料》。

注：县级政府财政收支分权的度量方式为：人均县级财政收入（支出）/［人均县级财政收入（支出）+ 人均中央财政收入（支出）+ 人均省本级财政收入（支出）+ 人均地市级本级财政收入（支出）］。纵向财政失衡计算方式为：（本级财政支出 − 本级财政收入）/ 本级财政支出。

4.省以下政府严重依赖转移支付

面对分税制改革以来出现的财政收支责任安排错位进而引发的纵向财政失衡现象，为了缓解地方政府财政困境，中央开始对地方进行大规模的转移支付，这导致地方尤其是县乡基层政府财政支出对转移支付的高度依赖（刘勇政等，2019）。图6-6给出了1995—2009年间县级政府转移支付依赖度的变化。1995—2009年间，县级政府的转移支付依赖度整体呈现出递增的态势，从1997年最低的38.38%上升至2009年最高的82.77%，平均达到了60.90%；在经历了2003年地方所得税收入分享比例由50%降低至40%和2004年农村税费改革后，转移支付依赖度于2004年首次超过70%；2006年取消农业税后，转移支付依赖度出现了暂时的下降，此后保持上升的态势。

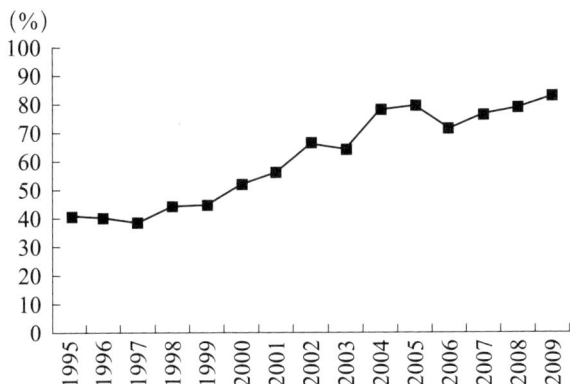

图 6-6　1995—2009 年间县级政府转移支付依赖度

资料来源：历年《全国地市县财政统计资料》。
注：转移支付依赖度＝转移支付／财政支出。

转移支付依赖度在省份间也呈现出了明显的异质性（见图6-7）。可以看出，在江苏、浙江和山东等经济较为发达的东部省份，县级政府的转移支付依赖度较低；而在西藏、青海、宁夏和新疆等经济欠发达的西部省份，县级政府的转移支付依赖度较高；在样本期内，西藏县级政府的转移支付依赖度更是高达124.36%。

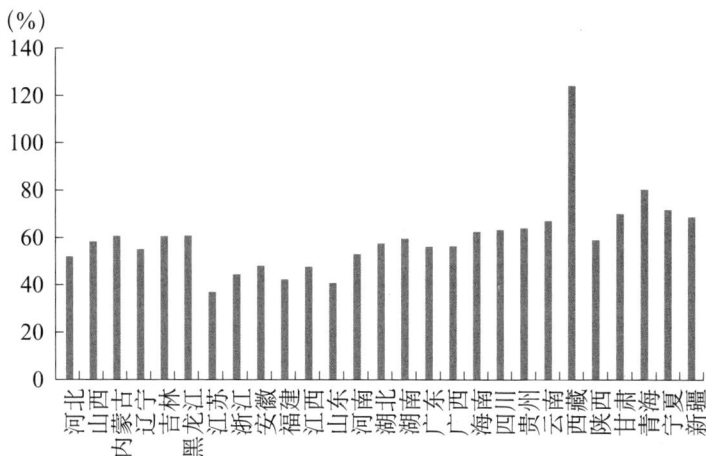

图 6-7　1995—2009 年间不同省份县级政府转移支付规模

资料来源：历年《全国地市县财政统计资料》。

注：不包括北京、天津、上海和重庆四个直辖市以及港澳台的数据。

三、省以下财政体制的建设方向

鉴于省份间的经济发展水平存在显著差异，相较于中央与地方财政关系而言，我国省以下财政体制的优化调整更加复杂也更具挑战性。结合本章分析，为了更好地调动省以下政府的积极性、缓解基层财政困难，今后省以下财政体制的建设应着力做好如下几个方面的工作。

（一）完善省以下收入划分

自分税制改革以来，我国税制改革的核心主要以中央政府为视角，对地方税制建设关注较少，地方税制建设现状与经济社会发展存在一定差距；地方政府组织财政收入进而为辖区内居民提供公共服务的积极性难以充分发挥。特别地，作为地方财政收入第一大来源的营业税改征增值税以及大规模减税降费进一步加剧了地方政府（尤其是县乡基层政府）的财政压力。

为有效理顺省以下政府间财政关系，充分调动地方政府的积极性，笔者建议：

一是培育地方主体税种。根据政府间收入划分的受益原则，适合将房地产税作为市县主体税种，这样可以充分调动市县政府为辖区内居民提供优质公共品和服务的动机。同时，房地产税能为市县政府提供一个相对稳定、可持续且可以预测的收入来源，这在一定程度上缓解了市县政府的财政压力。此外，开征零售税并将其作为市县主体税种。零售税的税源来自辖区内居民的消费，因此这种做法有利于市县政府的执政理念由为企业等生产者服务向为居民等消费者服务的转变，加快政府职能的优化完善。

二是转变省以下既有税种的划分原则，打破按企业隶属关系划分收入的做法。特别地，分享收入的方式可以从基于生产性税基转变为基于消费性税基，从而收入分享份额和地方公共服务提供水平保持一致。比如，以消费或人口指标来制定税收分享方法，引导基层政府提高公共服务质量，减少地方财政与本地工业发展的联系。

（二）合理界定财政事权和支出责任

分税制改革主要确定了中央和省的政府间收入划分，缺乏对财政事权和支出责任的合理界定，对省以下政府间财政关系更是所涉甚少。即使此后中央多次出台多项指导性意见，省以下政府间财政事权和支出责任的划分仍然缺乏统一、完整的法律和法规。特别地，省以下财政事权和支出责任通常以通知、意见等形式出现，其中的内容也较为笼统和模糊，很难形成强有力的约束。

因此，为深化财税体制改革，理顺政府间财政关系，建立财政事权和支出责任相匹配的现代财政制度，笔者建议：

一是在中央授权的省以下财政事权范围内，逐步将全省发展战略规划、维持经济社会稳定、促进区域协调发展、推动基本公共服务均等化等体现省级调控职能、保障全省重点战略实施的基本公共服务，确定或上移为省财政事权；逐步将直接面向基层、外部性较弱、与当地群众密切相关的基本公共服务（如城乡交通、社区污染治理、农村公益服务、社会治安等）下划为市县级财政事权；逐步将既需要运用省级宏观调控能力、又需要利用地域管理信息优势的跨地区基本公共服务确定为省与市县共同财政事权（如基本医疗、养老保障、公共文化、义务教育、生态环境等）。在此基础上，适度减少并有效规范省与市县的共同财政事权，以最大限度避免由于职责不清晰而导致互相推诿现象的发生。

二是支出责任的划分要严格遵循"谁的财政事权谁承担支出责任"的原则。省级财政事权除了由本级承担支出责任之外，若省级政府将财政事权委派由市县来行使，则需要通过转移支付来安排相应经费，不得要求市县配套资金；对于省与市县的共同财政事权，按照比例分配并明确各承担主体的支出职责；对于信息来源多、受益范围较大的财政事权，按照项目由省和市县分别承担责任或者由省给予市县适当补助等方式承担相应责任；对于政府所属机构需承担的财政事权，按照各级政府的行政隶属关系划分相应的支出责任；对于市县的财政事权，原则上由市县通过自有财力承担责任。

三是尽快通过立法，为政府间财政事权和支出责任的划分确定明晰的规则。一方面，要明确省与市县在决策、执行和监管等方面的具体责任；另一方面，要指出上述责任调整的权限和程序，推动省以下政府间财政关系进一步法治化，以此减少行政命令给财政事权和支出责任带来的不确定影响。

（三）规范转移支付制度

分税制改革后，中央确立了对地方的转移支付制度，在此基础之上，各省纷纷建立了省以下转移支付制度。但实践表明，省以下转移支付制度仍然存在问题，需要加以规范和完善。这突出表现在：转移支付结构不合理，专项转移支付过多，涉及的领域过宽，资金使用效率较低。尽管目前整体的改革方向是扩大一般性转移支付、减少专项转移支付，但一般性转移支付和专项转移支付的界限依然有待进一步明确。除此之外，研究发现，转移支付制度的实行事实上没有显著缩小地区间的发展差距（Liu et al., 2014），转移支付发挥区域基本公共服务均等化的职能尚待提高。

今后在理顺省以下政府间财政关系时，要着重规范省以下转移支付制度，建立健全省以下转移支付体系。具体如下：

一是遵循转移支付标准的客观因素。省级政府应当采取科学合理的定性和定量分析，综合考虑可能影响地方政府财政收支变化的税率、税基和支出规模等各种客观因素，精准测算下辖市级以及县级机关、事业单位工作人员的工资和部门正常运转等基本财政支出需求，分类制定公式化的均等化转移支付准则，建立相对合理稳定、公正公平和规范健全的转移支付体系。

二是加强转移支付资金的监管力度。降低省级政府充当县乡基层政府"攫取之手"的力度，深化转移支付资金直达机制。对挪用、挤占转移支付资金的违规行为要严惩不贷，以保障落实中央和省安排到基层的转移支付资金。

三是优化转移支付资金的支出结构。主要方向是增加一般性转移支付，减少专项转移支付，进一步明晰两者的界限。依据省以下财政事权和支出责任划分的准则，上级政府下划的一般性转移支付应被下级政府统筹用于相关重点支出，采取相应措施以提高转移支付效率；对于专项转移支付，下级政府在遵循专项资金用途的基础上，可灵活发挥本级政府更贴近基层的优势，并结合本级的相关专项情况，积极推动整合重点扶持领域相关的专项转移支付资金。

四是完善转移支付的共同财政事权划分。共同财政事权的支出责任分别属于省和市县不同级次的政府，支出责任的共同承担性质和市县财力不足构成了共同财政事权转移支付的基本路径。省级政府在将自身承担的支出责任通过转移支付转交给市县时，要明晰转移支付的分配方法。特别地，可以参照中央和省共同财政事权转移支付分配的基础标准和分担比例，按照一些客观因素和权重，根据相关规划等完善省以下共同财政事权转移支付分配方法。同时，为了避免共同财政事权转移支付资金下达市县后造成资金的沉淀浪费，省级政府要加强对市县预算单位项目执行的监督力度，督促其及时使用资金，完成支出责任。

参考文献

[1]安体富，朱青，等.贯彻落实科学发展观与深化财税体制改革研究.北京：中国人民大学出版社，2014.

[2]白景明.进一步理顺政府间收入划分需要破解三大难题.税务研究，2015（4）：3-8.

[3]本刊记者.改革完善财政转移支付　推动现代财政制度建设.中国财政，2015（16）：13-15.

[4]本刊记者.全国财政厅（局）长座谈会在京召开.中国财政，2014（16）：24.

[5]本刊评论员.加强监督　提高专项转移支付绩效.财政监督，2018（14）：1.

[6]本书编写组.党的十九大报告辅导读本.北京：人民出版社，2017.

[7]薄一波.薄一波文选（1937—1992年）.北京：人民出版社，1992.

[8]薄一波.若干重大决策与事件的回顾：下卷.修订本.北京：人民出版社，1997.

[9]财政部地方司.中国分税制财政管理体制.北京：中国财政经济出版社，1998.

[10]财政部干部教育中心.现代政府间财政关系研究.北京：经济科学出版社，2017.

[11]财政部干部教育中心.中国现代财政制度建设之路.北京：经济科学出版社，2017.

[12]财政部关于印发《中央对地方专项转移支付管理办法》的通知.中国政

府网，2015-12-30.

[13] 财政部关于印发《中央对地方资源枯竭城市转移支付办法》的通知. 中华人民共和国财政部官网，2019-5-9.

[14] 陈共. 构建新时代中国特色社会主义财政学. 财政研究，2020（8）：3-11.

[15] 陈共. 1994年税制改革及分税制改革回眸与随感. 地方财政研究，2005（1）：6-9.

[16] 陈抗，Arye L. Hillman，顾清扬. 财政集权与地方政府行为变化：从援助之手到攫取之手. 经济学（季刊），2002（1）：111-130.

[17] 陈旭佳. 中国均等化财政转移支付制度研究. 北京：中国社会科学出版社，2014.

[18] 陈雨露，郭庆旺. 新中国财政金融制度变迁事件解读. 北京：中国人民大学出版社，2013.

[19] 陈云纪念馆，高强. 陈云反通胀实践与思想研究. 北京：人民出版社，2015.

[20] 程中原，夏杏珍. 邓小平与一九七五年整顿. 北京：人民出版社，2004.

[21] 邓小平. 邓小平文选：第1卷. 北京：人民出版社，1994.

[22] 傅勇，张晏. 中国式分权与财政支出结构偏向：为增长而竞争的代价. 管理世界，2007（3）：4-12.

[23] 高培勇. 共和国财税60年. 北京：人民出版社，2009.

[24] 高培勇. "基础和支柱说"：演化脉络与前行态势——兼论现代财税体制的理论源流. 财贸经济，2021（4）：5-19.

[25] 高培勇. 论国家治理现代化框架下的财政基础理论建设. 中国社会科学，2014（12）：102-122.

[26] 高培勇. 中国税收持续高速增长之谜. 经济研究，2006（12）：13-23.

[27] 关于2008年中央和地方预算执行情况与2009年中央和地方预算草案的报告：2009年3月5日在第十一届全国人民代表大会第二次会议上. 中国财政，2009（7）：8-19.

[28] 关于实行"划分收支、分级包干"财政管理体制的暂行规定. 财政，1980（12）：1-2.

[29] 郭庆旺，贾俊雪，高立. 中央财政转移支付与地区经济增长. 世界经济，2009（12）：15-26.

[30] 郭庆旺，贾俊雪.地方政府行为、投资冲动与宏观经济稳定.管理世界，2006（5）：19-25.

[31] 郭庆旺，吕冰洋.地方税系建设论纲：兼论零售税的开征.税务研究，2013（11）：9-14.

[32] 郭庆旺，吕冰洋.中国分税制：问题与改革.北京：中国人民大学出版社，2014.

[33] 郭庆旺.论加快建立现代财政制度.经济研究，2017（12）：19-21.

[34] 郭瑞轩.刀刃向内攻坚克难 征管体制改革持续加力：深化国税、地税征管体制改革两周年综述.中国税务，2018（2）：17-22.

[35] 国家发展改革委经济体制综合改革司，国家发展改革委经济体制与管理研究所.改革开放三十年：从历史走向未来.北京：人民出版社，2008.

[36] 国家经济体制改革委员会历史经验总结小组.我国经济体制改革的历史经验.北京：人民出版社，1983.

[37] 国税地税征管体制改革：共和国税收发展史上的一场重大变革.中国税务，2019（10）：60-61.

[38] 国务院法制局.中华人民共和国现行法规汇编.北京：人民出版社，1987.

[39] 国务院公布关于改进财政管理体制的规定.江西政报，1957（21）：12-13.

[40] 国务院关于地方实行财政包干办法的决定.中国政府网，1988-07-28.

[41] 国务院关于改革和完善中央对地方转移支付制度的意见.中国政府网，2014-12-27.

[42]《国务院关于改革和完善中央对地方转移支付制度的意见》政策解读.预算管理与会计，2015（5）：7-9.

[43] 国务院关于实行"划分税种、核定收支、分级包干"财政管理体制的规定的通知.中华人民共和国国务院公报，1985（10）：259-262.

[44] 国务院关于推进中央与地方财政事权和支出责任划分改革的指导意见.中华人民共和国国务院公报，2016（26）：16-21.

[45] 国务院关于印发所得税收入分享改革方案的通知.中国政府网，2001-12-31.

[46] 韩英杰.求实中的探索.北京：人民出版社，2010.

[47] 胡泽君.国务院关于2019年度中央预算执行和其他财政收支的审计工

作报告：2020 年 6 月 18 日在第十三届全国人民代表大会常务委员会第十九次会议上．中华人民共和国全国人民代表大会常务委员会公报，2020（3）：579-586.

[48] 贾俊雪，郭庆旺，宁静．财政分权、政府治理结构与县级财政解困．管理世界．2011（1）：30-39.

[49] 贾俊雪，郭庆旺．政府间财政收支责任安排的地区经济增长效应．经济研究，2008（6）：37-49.

[50] 贾俊雪，宁静．纵向财政治理结构与地方政府职能优化：基于省直管县财政体制改革的拟自然实验分析．管理世界，2015（1）：7-17.

[51] 贾俊雪，张超，秦聪，冯静．纵向财政失衡、政治晋升与土地财政．中国软科学，2016（9）：144-155.

[52] 贾俊雪．中国经济周期波动特征及原因研究．北京：中国金融出版社，2008.

[53] 贾俊雪．中国税收收入规模变化的规则性、政策态势及其稳定效应．经济研究，2012（11）：103-117.

[54] 贾俊雪．中国财政分权、地方政府行为与经济增长．北京：中国人民大学出版社，2015.

[55] 贾康，赵全厚．政府间财政体制变革．经济研究参考，2009（2）：35-49.

[56] 李萍．中国政府间财政关系图解．北京：中国财政经济出版社，2006.

[57] 李先念．李先念文选．北京：人民出版社，1989.

[58] 刘国光．中国十个五年计划研究报告．北京：人民出版社，2006.

[59] 刘昆．我国的中央和地方财政关系．中国财政，2020（20）：4-9.

[60] 刘蓉，等．新中国财政税收制度变迁．成都：西南财经大学出版社，2020.

[61] 刘尚希，李敏．论政府间转移支付的分类．财贸经济，2006（3）：17-22.

[62] 刘尚希，马洪苑，刘微，等．明晰支出责任：完善财政体制的一个切入点．经济研究参考，2012（40）：3-11.

[63] 刘怡，袁佳．增值税分享对产能过剩的影响．北京大学学报（哲学社会科学版），2015（2）：115-123.

[64] 刘怡，张宁川，耿纯．增值税分享、消费统计与区域协调发展：基于增值税分享由生产地原则改为消费地原则的思考．税务研究，2021（8）：28-34.

[65] 刘勇政，贾俊雪，丁思莹．地方财政治理：授人以鱼还是授人以渔——基于省直管县财政体制改革的研究．中国社会科学，2019（7）：43-63.

[66] 刘勇政，吕冰洋，李岩．中国高投资率之谜：分税制的激励作用．经济研究，2021（3）：65-82.

[67] 刘仲藜，汪文庆，刘一丁．1994年财税体制改革回顾．百年潮，2009（4）：15-22.

[68] 刘佐．国营企业"利改税"及其历史意义．税务研究，2004（10）：27-33.

[69] 楼继伟．1993年拉开序幕的税制和分税制改革，财政研究，2022（2）：3-17.

[70] 楼继伟．40年重大财税改革的回顾．财政研究，2019（2）：3-29.

[71] 楼继伟．认真贯彻新预算法 依法加强预算管理．中国财政，2015（1）：4-6.

[72] 楼继伟．深化财税体制改革．北京：人民出版社，2015.

[73] 楼继伟．深化财税体制改革 建立现代财政制度．求是，2014（20）：24-27.

[74] 吕冰洋，郭庆旺．中国税收高速增长的源泉：税收能力和税收努力框架下的解释．中国社会科学，2011（2）：76-90.

[75] 吕冰洋，李岩，李佳欣．财政资源集中与预算偏离．财经问题研究，2021（1）：74-84.

[76] 吕冰洋．地方税系的建设原则与方向．财经智库，2018（2）：13-24.

[77] 吕冰洋．"顾炎武方案"与央地关系构建：寓活力于秩序．财贸经济，2019（10）：50-65.

[78] 吕冰洋．税收分权与地方税系的建设 // 郭庆旺．公共经济评论（Vol.6，No.1，2010）．北京：中国财政经济出版社，2010.

[79] 吕春子．建国初期六大行政区政府的建立与撤销．中国档案报，2003-08-08.

[80] 吕立勤，梁剑箫．平衡收支创奇迹．经济日报，2021-08-15.

[81] 马国川．共和国一代访谈录．北京：华夏出版社，2009.

[82] 马海涛，姜爱华．政府间财政转移支付制度．北京：经济科学出版社，2010.

[83] 马忠华，许航敏．财政治理现代化视域下的财政转移支付制度优化．地

方财政研究，2019（12）：36-42.

[84] 毛晖，雷莹.《预算法》修订案：背景、突破与展望.会计之友，2015（4）：6-11.

[85] 全国干部培训教材编审指导委员会.中国公共财政.北京：人民出版社，2006.

[86] 全国人民代表大会常务委员会办公厅.中华人民共和国第十一届全国人民代表大会第三次会议文件汇编.北京：人民出版社，2010.

[87] 任志江.新中国成立以来经济发展战略与经济体制模式的历史互动与历史启示.北京：人民出版社，2018.

[88] 深化国税、地税征管体制改革方案.中国税务，2016（1）：8-12.

[89] 审计署财政司课题组.政府间转移支付制度理论概述.中国审计，2001（8）：18-20.

[90] 石建国.从一九六四年计划看国民经济年度计划的酝酿与制定.中共党史研究，2011（4）：64-72.

[91] 宋文庆.建国初期中国共产党稳定物价、统一全国财政经济的成功决策.城市研究，1994（5X）：51-55.

[92] 孙开，李万慧.横向财政失衡与均等化转移支付.地方财政研究，2008（7）：4-7.

[93] 谭娅.对我国专项转移支付改革的研究.北京：财政部财政科学研究所，2014.

[94] 田应奎.新时代经济思想研究.北京：人民出版社，2019.

[95] 汪义达.积极稳妥推进中央与地方财政事权和支出责任划分改革.中国财政，2019（23）：4-8.

[96] 王丹莉.工业布局调整中的中央与地方关系：解读"大跃进"时期的财政放权.中国经济史研究，2018（5）：125-136.

[97] 王丹莉.新中国央地财政关系的奠基：统一财经及其制度调整.当代中国史研究，2021（1）：64-74.

[98] 王乔，席卫群，曾耀辉，等.共和国税收征管70年.北京：人民出版社，2020.

[99] 王渭泉.上海财政税务志.上海：上海社会科学院出版社，1995.

[100] 王文甫，刘亚玲.消费税征收环节后移改革的品目范围研究.税务研究，2021（4）：70-76.

[101] 王亚平.国家预算管理体制改革的回顾与思考.经济研究参考，1992（Z3）：335-350.

[102] 魏海伦，刘勇政.收入分成、竞争与中国的省份内经济差距.经济理论与经济管理，2022（4）：70-83.

[103] 魏薇.我国财政转移支付制度改革问题研究.北京：首都经济贸易大学，2018.

[104] 吴红萱，樊华."财政包干"：江苏吃"螃蟹".中国财经报，2009-09-28.

[105] 肖捷.国务院关于深化财政转移支付制度改革情况的报告：2016年12月23日在第十二届全国人民代表大会常务委员会第二十五次会议上.中华人民共和国全国人民代表大会常务委员会公报，2017（1）：79-82.

[106] 肖捷.加快建立现代财政制度.中国财政，2017（21）：4-6.

[107] 肖鹏."划分税种、核定收支、分级包干"财政改革经验与启示.财政监督，2008（5）：16-18.

[108] 谢旭人.中国财政改革三十年.北京：中国财政经济出版社，2008.

[109] 兴华.1977—1978年改进财政体制的新探索.财政，1983（11）：23-26.

[110] 兴华.1980年开始的财政体制重大改革（上）.财政，1983（12）：8-10.

[111] 兴华.1980年开始的财政体制重大改革（下）.财政，1984（1）：13-15.

[112] 兴华.十年动乱时期财政体制变动频繁（上）.财政，1983（8）：22-24.

[113] 兴华.十年动乱时期财政体制变动频繁（下）.财政，1983（9）：8-10.

[114] 兴华.一九六一年开始实行加强集中统一的财政管理体制.财政，1983（6）：19-21.

[115] 兴华.一九五九年开始实行"总额分成，一年一变"的财政体制.财政，1983（5）：10-12.

[116] 兴华.一九五一年开始实行初步分级管理的财政体制.财政，1982（12）：32-34.

[117] 兴华."一五"时期实行集中统一与分级管理相结合、侧重集中的财政体制.财政，1983（2）：13-15.

[118] 熊波.公共服务均等化视角下的财政转移支付：理论、现实与出路.经济体制改革，2009（2）：37-41.

[119] 许涤新.中国过渡时期国民经济的分析（1949—1957年）.北京：人民出版社，1962.

[120] 许毅，陈宝森.中国的财政：中国社会主义现代化建设1977—1980.北京：人民出版社，1982.

[121] 宣晓伟.雄关漫道真如铁　而今迈步从头越：《关于推进中央与地方财政事权和支出责任划分改革的指导意见》解读.中国发展观察，2016（17）：12-17.

[122] 闫坤，于树一.十八大以来我国财税体制改革回顾与展望.中国财政，2017（20）：19-22.

[123] 杨瑞龙.我国制度变迁方式转换的三阶段论：兼论地方政府的制度创新行为.经济研究，1998（1）：5-12.

[124] 杨志勇.现代财政制度探索：国家治理视角下的中国财税改革.广州：广东经济出版社，2015.

[125] 杨志勇.中国财政70年：建立现代财政制度.中国经济学人（英文版），2019（1）：66-93.

[126] 尹恒，朱虹.县级财政生产性支出偏向研究.中国社会科学，2011（1）：88-101.

[127] 岳希明，蔡萌.把握好一般转移支付中均衡和分类支付的区别.中国财经报，2015-06-09.

[128] 岳希明.分类拨款：我国专项转移支付改革的方向.中国财政，2014（5）：36-37.

[129] 曾金华.转移支付制度改革将多方面推进.经济日报，2016-12-29.

[130] 张德勇，孙琳.新中国财政体制70年.北京：中国财政经济出版社，2020.

[131] 赵梦涵.“一五”时期中央与地方财政关系调整的回顾.经济纵横，1992（1）：62-64.

[132] 赵云旗.经济体制改革的“先行者”：三十年财政管理体制改革回顾.中国财政，2008（19）：12-16.

[133] 郑谦.中华人民共和国史（1949—1956）.北京：人民出版社，2010.

[134] 郑小玲.中国财政管理体制的历史变迁与改革模式研究（1949—

2009).福州：福建师范大学，2011.

[135] 政务院关于划分中央与地方在财政经济工作上管理职权的决定.天津政报，1951（24）：1-2.

[136] 中共中央关于建立社会主义市场经济体制若干问题的决定.中华人民共和国国务院公报，1993（28）：1286-1303.

[137] 中共中央文献研究室.陈云文集：第2卷.北京：中央文献出版社，2005.

[138] 中国社会科学院，中央档案馆.1949—1952中华人民共和国经济档案资料选编（财政卷）.北京：经济管理出版社，1995.

[139] 中央财经领导小组办公室.中国经济发展五十年大事记.北京：人民出版社，1999.

[140] 中央对地方一般性转移支付情况简介.经济研究参考，2004（14）：3.

[141] 中央对地方转移支付结构优化研究.中国财政，2019（13）：44-46.

[142] 中央人民政府关于改变大行政区人民政府（军政委员会）机构与任务的决定.江西政报，1952（11）：25.

[143] 中央人民政府政务院关于统一管理一九五零年度财政收支的决定.甘肃政报，1950（3）：65-67.

[144] 中央人民政府政务院关于统一国家财政经济工作的决定.天津政报，1950（10）：1-3.

[145] 中央人民政府政务院关于一九五一年度财政收支系统划分的决定.江西政报，1951（4）：90-92.

[146] 钟晓敏.地方财政学.北京：中国人民大学出版社，2001.

[147] 周黎安.晋升博弈中政府官员的激励与合作：兼论我国地方保护主义和重复建设问题长期存在的原因.经济研究，2004（6）：33-40.

[148] 朱镕基.朱镕基讲话实录.北京：人民出版社，2011.

[149] 宗文.1988年改进财政包干体制的点滴回顾.财政，1989（12）：48-49.

[150] Boadway, R., S. Roberts and A. Shah. *The Reform of Fiscal Systems in Developing and Emerging Market Economies*：*A Federalism Perspective*. World Bank Publications, 1994.

[151] Brennan, G. and J. M. Buchanan. *The Power to Tax*：*Analytical Foundations of a Fiscal Constitution*. Cambridge University Press, 1980.

[152] Jia, J., Q. Guo and J. Zhang. "Fiscal Decentralization and Local Expenditure Policy in China," *China Economic Review*, 2014, 28（C）: 107–122.

[153] Jia, J., S. Ding and Y. liu. "Decentralization, Incentives, and Local Tax Enforcement," *Journal of Urban Economics*, 2020, 115（C）: 103225.

[154] Jia, J., Y. Liu, J. Martinez-Vazquez and K. Zhang. "Vertical Fiscal Imbalance and Local Fiscal Indiscipline: Empirical Evidence from China," *European Journal of Political Economy*, 2021, 68（C）: 101992.

[155] Liu, Y. and J. Martinez-Vazquez. "Inter-Jurisdictional Tax Competition in China," *Journal of Regional Science*, 2014, 54（4）: 606–628.

[156] Liu, Y., J. Martinez-Vazquez and B. Qiao. "Falling Short: Intergovernmental Transfers in China," *Public Finance and Management*, 2014, 14（4）: 378–398.

[157] Liu, Y., J. Martinez-Vazquez and B. Qiao. "Frozen in Time: The Much Needed Reform of Expenditures Assignments in China," *Public Finance and Management*, 2015, 15（4）: 297–325.

[158] Lv, B., Y. Li and Y. Li. "Fiscal Incentives, Competition, and Investment in China," *China Economic Review*, 2020, 59（C）: 101371.

[159] Musgrave, R. A. *The Theory of Public Finance*. McGraw-Hill, 1959.

[160] Oates, W. E. *Fiscal Federalism*. Harcourt Brace Jovanovich, 1972.

[161] Qian, Y. and B. R. Weingast. "Federalism as a Commitment to Preserving Market Incentives," *Journal of Economic Perspectives*, 1997, 11（4）: 83–92.

[162] Qian, Y. and G. Roland. "Federalism and the Soft Budget Constraint," *American Economic Review*, 1998, 88（5）: 1143–1162.

图书在版编目（CIP）数据

现代财政体制建设 / 贾俊雪，刘勇政著. -- 北京：
中国人民大学出版社，2023.5
（中国现代财税金融体制建设丛书）
ISBN 978-7-300-31597-3

Ⅰ.①现… Ⅱ.①贾… ②刘… Ⅲ.①财政管理体制
－研究－中国 Ⅳ.①F812.2

中国国家版本馆CIP数据核字（2023）第059630号

中国现代财税金融体制建设丛书

现代财政体制建设

贾俊雪　刘勇政　著

Xiandai Caizheng Tizhi Jianshe

出版发行	中国人民大学出版社	
社　　址	北京中关村大街31号	**邮政编码**　100080
电　　话	010-62511242（总编室）	010-62511770（质管部）
	010-82501766（邮购部）	010-62514148（门市部）
	010-62515195（发行公司）	010-62515275（盗版举报）
网　　址	http://www.crup.com.cn	
经　　销	新华书店	
印　　刷	涿州市星河印刷有限公司	
开　　本	720 mm×1000 mm　1/16	**版　　次**　2023年5月第1版
印　　张	12 插页1	**印　　次**　2023年5月第1次印刷
字　　数	149 000	**定　　价**　58.00元